완벽은
　　　우리 몫이
아닙니다

완벽은 우리 몫이 아닙니다

지은이 | 김경진
초판 발행 | 2019. 12. 18
6쇄 발행 | 2023. 10. 18
등록번호 | 제1988-000080호
등록된 곳 | 서울특별시 용산구 서빙고로 65길 38
발행처 | 사단법인 두란노서원
영업부 | 2078-3352   FAX | 080-749-3705
출판부 | 2078-3331

책값은 뒤표지에 있습니다.
ISBN 978-89-531-3652-6 03230   Printed in Korea

독자의 의견을 기다립니다.
tpress@duranno.com   www.duranno.com

* 본문에 인용된 성경은 표기가 없는 한 개역개정임을 밝힙니다.

두란노서원은 바울 사도가 3차 전도여행 때 에베소에서 성령 받은 제자들을 따로 세워 하나님의 말씀으로 양육하던 장소입니다. 사도행전 19장 8-20절의 정신에 따라 첫째 목회자를 돕는 사역과 평신도를 훈련시키는 사역, 둘째 세계선교(TIM)와 문서선교(단행본·잡지) 사역, 셋째 예수문화 및 경배와 찬양 사역, 그리고 가정·상담 사역 등을 감당하고 있습니다. 1980년 12월 22일에 창립된 두란노서원은 주님 오실 때까지 이 사역들을 계속할 것입니다.

완벽은
우리 몫이
아닙니다

불완전한 삶에 임하는 하나님의 은혜

김경진 지음

두란노

목차

지난해까지만 해도 저같이 부족한 사람이 설교를 묶은 책을 내리라고는 한 번도 생각하지 못했습니다. 하루가 멀다 하고 양서들이 쏟아지고 있고, 현장에서 성도들과 오래 호흡한 목회자들이 은혜로운 신앙 서적들을 공들여 발간하고 있기 때문에 그것만으로도 넘치도록 충분하다고 생각했습니다. 저 같은 사람이 거기에 한 권을 보태는 것이 '좋은 책을 고르는 분들에게 자칫 불필요한 수고를 더하는 일이 아닐까?'라는 우려가 들기도 했습니다.

저는 소망교회 강단을 맡고 나서 이런 질문을 수없이 던졌습니다.

'과연 내가 하나님의 도구로 바르게 사용되고 있는가?'
'내가 혹시 하나님의 영광을 가리고 있는 것은 아닌가?'
'혹시나 하나님의 뜻을 잘못 전하고 있는 것은 아닐까?'

어느 때는 두려워지기도 했습니다.

올해 주일마다 제 불완전함으로부터 오는, 무엇인가 조금 부족한, 아니 많이 부족한 원고를 들고 강단에 섰습니다. 그러나 강단에서 내려올 때면 저는 이렇게 고백하곤 했습니다. "완전하신 하나님이 부족한 사람의 입술에서 나온 설교를 성령을 통해 온전하신 하나님의 말씀이 되게 하셨다"라고 말입니다. 그것은 마치 하나님이 사도 바울을 통해 우리에게 말씀하신 바, "내 은혜가 네게 족하도다 이는 내 능력이 약한 데서 온전하여짐이라"(고후 12:9) 하심과 같았습니다.

사실 강단의 원고를 정리한 이 책을 내면서도 비슷한 마음을 갖습니다. 제 부족함이 한껏 묻어나는 글이라 참으로 부끄럽습니다. 그러나 기도하며 바라는 것은, 우리를 위해 일하시는 성령님이 이 책을 읽는 모든 분에게 능력으로 다가가 주시는 것입니다. 그리하여 예배 현장에서처럼, 이 말씀을 하나님의 살아 있는 말씀이 되게 해 주시는 것입니다.

이를 믿고 바라며, 저는 감히 이 부족한 책을 내어놓습니다. 불완전한 인생에게 함께하시는 하나님에 대한 묵상이자, 그와 함께 일하시는 하나님의 온전하심에 대한 선포입니다. 이 책을 읽는 모두에게 글자가 아닌, 문장이 아닌, 살아 계신 하나님의 말씀이 가 닿기를 간절히 바랍니다.

2019년 대림절을 보내며
김경진 목사

1부

완벽하려 애쓸수록

불완전한 삶

불완전한 내 마음

1장

누구나

불완전하다

너는 이것도 잡으며 저것에서도
네 손을 놓지 아니하는 것이 좋으니
하나님을 경외하는 자는
이 모든 일에서 벗어날 것임이니라

전 7:15-18

지나치게 악인이 되지 말고,
지나치게 의인도 되지 말라?

전도자는 이해하기 어려운 내용을 전도서에 담았습니다. "지나치게 의인이 되지도 말며 지나치게 지혜자도 되지 말라 어찌하여 스스로 패망하게 하겠느냐"(전 7:16). 말씀을 읽을 때 어떤 느낌을 받습니까? 과연 이 말씀을 하나님의 말씀이라고 할 수 있을까요?

새번역성경은 이 말씀을 다음과 같이 전하고 있습니다. "너무 의롭게 살지도 말고, 너무 슬기롭게 살지도 말아라. 왜 스스로를 망치려 하는가?" 아무리 생각해도 교훈적이지 않고, 하나님의 말씀다워 보이지도 않습니다. 과연 이 말씀에 우리가 따라야 할 중요한 가치나 교훈이 있습니까? 솔직히 조언이라기보다는 도리어 망언처럼 느껴집니다.

그래도 이어지는 17절 말씀은 이해할 만합니다. "지나치게 악인이 되지도 말며 지나치게 우매한 자도 되지 말라 어찌하여 기한 전에 죽으려고 하느냐." 악에 대해, 그리고 어리석음에 대해 책망합니다. 그러나 그다음 말씀은 더 이해하기 어렵습니다. "너는 이것도 잡으며 저것에서도 네 손을 놓지 아니하는 것이 좋으니"(전 7:18). 이 말씀은 어떻게 이해해야 할까요? 여기서 '이것'은 무엇이고, '저것'은 무엇일까요? 말씀의 앞뒤를 자세히 살펴보면, '이것'은 '의로움'을, '저것'은 '악'을 의미한다는 것을 알 수 있습니다. 정리하면, 이 말씀은 '어느 정도 의롭게 살면서 어느 정도 악하게 살아라', 한마디로 '중간쯤 살아라'라는 의미입니다. 너무 튀지도 말고, 너무 바르게 살지도 말고, 너무 악하게 살지도 말고, 그냥 대강대강 살라는 말씀처럼 들립니다.

우리는 이 말씀을 어떻게 이해하고 받아들여야 할까요? 과연 이 내용이 성경이 전하는 참 지혜일까요? 정말 이해하기 어렵습니다. 왜 이런 말씀이 성경에 나오는 것일까요?

이 말씀을 조금 더 분명하게 이해하기 위해서는 전도서의 전체적인 틀을 살펴볼 필요가 있습니다.

전도서의 시작은 이렇습니다. "전도자가 이르되 헛되고 헛되며 헛되고 헛되니 모든 것이 헛되도다"(전 1:2). 모든 것을 누린 다윗의 아들 솔로몬은 전도자로서 얻게 된 지혜로 이렇게 전했습니다. "사람이 세상에서 아무리 수고한들, 무슨 보람이 있는가?

한 세대가 가고, 또 한 세대가 오지만, 세상은 언제나 그대로다. 해는 여전히 뜨고, 또 여전히 져서, 제자리로 돌아가며, 거기에서 다시 떠오른다"(전 1:3-5, 새번역성경).

지혜의 왕 솔로몬은 자신이 가진 지혜와 힘으로 이스라엘을 호령하며 번영을 이루었습니다. 그러나 그 어떤 힘이나 지혜로도 꿈쩍하지 않는 세상을 보면서 "모든 것이 헛되도다!"라고 외쳤습니다. 아무리 훌륭한 사람도 시간의 흐름에 휩쓸려 가고, 결국에는 흔적도 남지 않습니다. 바닷가에서 수없이 성을 짓고 집도 세워 보지만, 파도가 몰아치면 금세 허물어지는 모래성과 같은 것이 우리네 인생입니다. 수없이 많은 사람이 이 땅에 자신의 이름을 남기고 자신만의 세상을 만들어 보려고 했지만, 바닷물이 휩쓸고 지나가면 여전히 모래알만 남듯 허무를 경험했습니다.

전도자는 나름의 지혜로 세상을 다스려 보았지만 그가 얻은 마지막 지혜는 자신의 힘으로는 도저히 어쩔 수 없는, 꿈쩍도 하지 않는 도도한 세상에 대한 깨달음이었습니다. 그래서 그는 모든 것이 헛되다고 고백했습니다.

우리는 솔로몬이 그토록 헛되다고 토로한 이유 중 한 가지 사실을 전도서 7장 15절에서 알 수 있습니다. "내 허무한 날을 사는 동안 내가 그 모든 일을 살펴보았더니 자기의 의로움에도 불구하고 멸망하는 의인이 있고 자기의 악행에도 불구하고 장수하는 악인이 있으니." 전도자는 허무한 삶 속에서 한 가지 사실을 깨달았습니다. 의롭게 살면 다 잘될 줄 알았는데 도리어 망하는 사람이 있고, 악하게 살면 큰 벌을 받을 것이라 여겼는데 도리어 장수하는 자도 있다는 것이었습니다.

솔로몬은 전도서의 여러 곳에서 이 고뇌를 토로했습니다. "사람들은 왜 서슴지 않고 죄를 짓는가? 악한 일을 하는데도 바로 벌이 내리지 않기 때문이다"(전 8:11, 새번역성경).

그의 처연한 외침이 들리는 듯합니다. "이 세상의 일이 참 헛되도다. 악한 자가 형통하고, 의인이 고난 가운데 있구나. 의인이 받아야 할 보상을 악인이 받고, 악인이 받아야 할 형벌을 의인이 받고 있구나. 이를 보고도 어찌 헛되다고 말하지 않을 수 있겠는가!" 이런 이유로 전도자는 자신만이 터득한 방식으로 지혜를 전했습니다. "너무 의롭게 살려고 하지 마라!"

하나님을 경외하는 자는
극단을 피합니다

전도자의 권고가 틀린 말입니까? 이 선언을 어떻게 생각합니까? 제가 대학교에 다닐 때 친구들이 고향을 다녀오면 꼭 부모님에게서 들었다는 이야기가 있습니다. 당시는 독재 타도, 민주화, 정의, 평등과 같은 이슈가 상당했던 시기입니다. 그러니 부모님의 입장에서는 혹여 자식이 데모한다고 앞장서면 어쩌나 걱정이 되었을 것입니다. 그래서 노파심에 이런 말을 많이 했습니다. "아들아, 딸아, 정의도 좋고, 평등도 좋다. 내 아들이, 내 딸이 그런 생각을 하는 것은 나도 찬성이고 자랑스럽다. 그런데 절대로 앞서지는 마라. 절대로 시위하면서 앞장서지는 말아라. 나는 네가 불행해지는 것은 싫다."

혹시 전도자의 고백이 이와 같은 논조는 아닐까요? 이 지혜자의 조언은 마치 자녀들을 아끼고 미래를 걱정하는 우리 아버지의 조언 같기도 하고, 사랑하는 어머니의 진심 어린 충고처럼 느껴지기도 합니다. "세상이 악하니 너무 의롭게 살려고 하지 마라. 그러다 다친다. 그저 중간쯤 살아라."

그러나 이 말씀이 하나님의 말씀이라면 사실 조금은 실망스럽습니다. 이 말씀에서 하나님의 윤리가 발견되지 않기 때문입니다. 마치 하나님이 우리에게 "세상과 대강 타협하며 살아라"라고 말씀하시는 것만 같습니다. 그저 그렇게 살다가 그렇게 죽어도 괜찮다고 우리를 유혹하시는 듯 보입니다. 사탄의 말이 아니라 하나님의 말씀인데, 하나님은 왜 이런 말씀을 하셨을까요? 전혀 힘을 쓰지 못하고 정의를 구현하지 못한 채 그저 사랑만 가득한 부모님의 충고처럼 느껴지는 이 말씀을 우리는 어떻게 이해해야 합니까?

사실 역사를 돌아보면 어려움을 당한 많은 의인이 있었습니다. 얼마나 많은 의로운 사람이 세상을 올바르게 변화시키기 위해 노력했습니까. 그러나 그들의 힘만으로 세상은 크게 바뀌지 않았습니다. 단지 조금씩 조금씩 바뀌어 갔습니다. 이 땅에 많은 변화가 있었지만, 크게 보면 그 어렵고 힘든 삶을 살아갔던 수많은 의인의 삶은 흔적도 없는 듯합니다.

우리는 보다 못해 비리를 고발한 고발자들을 알고 있습니다. 그리고 그 후 그들이 당하게 된 힘든 삶도 잘 알고 있습니다. 정의를 외쳤던 사람들이 받은 고난도 지켜보았습니다. 무서운 정치 세력 앞에 홀로 섰던 외로운 투사들의 이후 피폐한 인생도 보았습니다. 그래서 우리는 "차라리 건드리지 마라. 너무 의롭게 살려고 하지 마라. 그냥 대강 살아라. 타협하라"라고 말합니다.

그러나 분명한 사실은 전도자의 의도는 그저 부모님의 사랑 넘치는 조언과 같은 것이 아니라는 것입니다. 그렇다면 과연 무슨 뜻이겠습니까? 이 말씀의 비윤리성을 어떻게 해석할 수 있을까요?

이 말씀을 깊이 연구하고 살펴보면서, 마지막 문장에 관심을 두게 됩니다. "하나님을 경외하는 자는 이 모든 일에서 벗어날 것임이니라"(전 7:18하). 이를 좀 더 명료하게 번역한 새번역성경에는 "하나님을 두려워하는 사람은 극단을 피한다"라고 기록되어 있습니다. 극단을 피하는 이유가 무엇입니까? 성경은 '하나님을 두려워하기 때문'이라고 이야기합니다.

악을 피해야 한다는 것은 이해하기 쉽습니다. 하나님이 계신데 어떻게 악하게 살 수 있겠습니까? 그러니 하나님을 두려워하는 사람이라면 하나의 극단, 곧 악을 피합니다. 그렇다면 다른 하나의 극단인 의롭게 살려는 사람은 하나님을 두려워하지 않는 사람입니까? 본문의 흐름상 마치 그렇게 이해됩니다. 참 해석하기 어려운 말씀입니다.

이 말씀은 이후 등장하는 말씀과 연결할 때 그 의미가 명료해집니다. "좋은 일만 하고 잘못을 전혀 저지르지 않는 의인은 이 세상에 하나도 없다"(전 7:20, 새번역성경). 이 말씀이 단서입니다. 지혜자는 의인은 없으며, 그 누구도 완벽한 의인이 될 수 없다는 사실을 인지하고 있었습니다. 그럼에도 불구하고 사람들은 의로움을 추구합니다. 정의를 추구합니다. 그러나 의는 인간인 우리가 도저히 쟁취할 수 없는 것입니다. 그러므로 "의롭게 살지 말라"라는 말씀은 이런 뜻을 담고 있습니다. "자신을 의롭다고 여기지 마라. 의로운 일을 하기 때문에 내가 의로운 사람이라고 착각하지 마라."

우리는 의로운 사회를 만들어 가면서 그 의로운 노력 때문에 내가 의롭다고 착각할 수 있습니다. 그러나 이 세상에 완전히 의로운 사람은 어느 누구도 없습니다. 우리가 이 세상을 의롭게 만들어 낸다 할지라도, 내가 의롭지 않기 때문에 이 세상은 나 때문에 의롭지 않은 세상이 될 뿐입니다. 지혜자는 바로 그 사실을 우리에게 전해 준 것입니다.

의롭게 살려는 사람은 어떤 사람입니까? 자신의 의로움을 통해 정의를 이루고자 하는 사람입니다. 어쩌면 그에게는 하나님이 필요하지 않을 수도 있습니다. 왜냐하면 자신의 정의가 하나님을 대체하고 있기 때문입니다. 의로운 일이, 그의 모든 신념이 그에게 하나님이 되기 때문입니다. 그러므로 그는 모든 의와 신념, 정의를 이룩하려는 데 모든 초점을 두게 됩니다. 그래서 성경은 "하나님을 두려워하는 사람은 두 가지 극단을 피한다"라고 말합니다.

불완전하십시오!
인생의 행복은 완벽에 있지 않습니다

예수님 당시 바리새인들은 구체적인 규율을 따라 안식일을 지키고 부정한 것을 만지지 않는 등 참으로 의롭게 살려고 노력했던 사람들입니다. 그러나 예수님은 그들을 책망하셨습니다. 바리새인들에게는 의로움과 정의를 향한 고집은 있었지만, 정작 그 마음에는 '하나님이 거하실 장소'가 없었기 때문입니다.

우리는 종종 우리의 삶에서도 그와 같은 문제를 보게 됩니다. 완벽함과 완전함을 추구하는 사람들이 참 많습니다. 완전한 아내, 완전한 남편, 완전한 부모 등 자신에게 주어진 임무를 철저히 감당하는 완벽한 사람이 되려고 노력하는 이들입니다. 그런데 그런 가정에서는 좀처럼 행복이 보이지 않습니다. 도리어 비난과 상처가 많습니다. 완벽한 남편인데, 완벽한 아내인데, 완벽한 부모인데 무엇이 모자랍니까? '상대방이 들어설 자리'가 없다는 것이 문제입니다.

최근 우울증으로 고생하는 분들이 많습니다. 우울증의 원인은 매우 다양합니다만, 그중에서도 너무 완벽하게 살려고 하다가, 너무 의롭게 살려다가 마음에 병이 걸린 것은 아닐까 하는 생각을 해 봅니다. 내가 모든 일을 다 하고 모든 책임을 지려고 하다 보면 하나님이 계실 자리가 없습니다. 그것이 바로 불신앙입니다. 그것은 하나님을 온전히 믿는 태도가 아닙니다.

전도자는 타협을 이야기한 것이 아닙니다. 세상에 대한 포기를 말한 것도 아닙니다. '나만 잘 살자'는 의도도 아닙니다. 이 말씀은 '하나님을 두려워하는 사람이 되라'는 의미입니다. 정말 하나님을 두려워한다면 하나님이 거하실 공간을 마련해야 합니다. 우리는 너무 의롭게 살려고 하지 말고, 너무 악하게 살려고 하지도 말아야 합니다. 하나님을 경외하는 자는 극단을 피합니다. 때로는 이해되지 않고 납득이 되지 않더라도 견디면서 하나님의 선한 뜻을 바라보아야 합니다. 이것이 지혜자가 우리에게 전해 주는 메시지입니다.

그렇다고 해서 의롭게 사는 삶을 포기하라는 뜻은 아닙니다. '아, 마음대로 살아도 된다는 뜻이구나'라고 받아들인다면 정말 불완전하게 이해하는 것입니다. 우리는 의로움을 추구해야 하고 의롭게 살아야 합니다. 그러나 완벽함을 추구해서는 안 됩니다.

요셉은 평생 의롭게 살려고 노력했습니다. 적절하게 타협했더라면 감옥에 가지 않았을 것입니다. 그러나 그는 온전하게 살기를 원했습니다. 타협하지 않았습니다. 결국 그로 인해 어려움을 당했습니다. 마치 전도자의 말처럼, 너무 의롭게 살려다가 그만 어려움을 당한 것처럼 보입니다.

그러나 요셉은 자신이 지키려는 의로움에 매여 있지 않았습니다. 자신은 의롭게 살려고 노력했지만, 비뚤어진 정의를 이루기 위해 스스로를 다스리며 살았지만 그 문제로 힘들어하거나 동분서주하지 않았습니다. 만약 우리가 요셉이었다면 억울하다며 감옥에서라도 보디발의 아내를 고발하고 문제를 제기했을 텐데, 요셉은 그렇게 하지 않았습니다.

요셉은 억울함을 하나님께 기도함으로 풀었습니다. 총리가 된 다음에도 보디발을 잡아들였다거나 그의 아내를 소환했다는 기록은 없습니다. 요셉은 자기 삶의 어렵고 굴곡진 문제들을 풀어내려고도 하지 않았습니다. 역사를 바로잡으려고도 하지 않았습니다. 그 자체를 그저 내버려 두었습니다. 하나님의 자리, 하나님이 거하실 공간을 마련해 놓은 것입니다. 그는 진정으로 하나님을 두려워하는 사람이었습니다.

요셉의 아버지 야곱이 죽었을 때 요셉의 형제들은 "아버지가 돌아가셨으니 혹시 요셉이 우리에게 보복을 하지는 않을까?" 하며 두려워 떨었습니다. 그러나 그때 요셉은 형제들에게 이렇게 말했습니다. "두려워하지 마십시오. 내가 하나님을 대신하기라도 하겠습니까? 형님들은 나를 해치려고 하였지만, 하나님은 오히려 그것을 선하게 바꾸셔서, 오늘과 같이 수많은 사람의 생명을 구원하셨습니다"(창 50:19-20, 새번역성경). 요셉은 형들의 잘못과 불의를 바로잡기보다는 그로써 일어난 하나님의 섭리를 받아들였던 것입니다. 이것이 진정한 신앙인의 모습입니다.

하나님이 일하실 수 있는 자리, 그 빈자리를 내어놓기 바랍니다. 하나님은 너무 완벽한 사람, 너무 의로운 사람을 찾으시지 않습니다. 왜냐하면 의로움을 신으로 숭배하고 있는 자에게는 하나님이 들어서실 자리가 없기 때문입니다. 하나님이 찾으시는 사람은 자신의 마음을 돌아보며 빈 공간을 두고 하나님을 부르는 사람입니다.

너무 의롭게 살려고 애쓰지 마십시오. 인간은 그저 그런 존재입니다. 불완전합니다. 다만 하나님의 공간, 하나님이 계실 자리를 마련하고 주님의 이름을 부르며 살아갑시다. 불완전한 인간이기에 하나님과 동행하며 신앙의 여정을 걸어갑시다.

하나님, 우리 스스로는 하나님 앞에서

결코 온전하지 못한 존재임을 압니다.

예수 그리스도의 보혈이 없이는

결코 하나님 앞에 설 수 없는 존재라는 것도 압니다.

하나님, 우리를 불쌍히 여겨 주시옵소서.

시간의 주인이신 하나님,

지난 시간을 저울에 달아 무게를 잰다면

과연 얼마나 무게가 나갈까요?

늘 오락과 가벼운 말들, 의미 없는 행동들로 채우느라

우리의 삶이 가벼워지지는 않았는지 돌아봅니다.

우리의 언어가 묵직하지 못했고,

우리의 행동이 진중하지 못했음을 용서하여 주시옵소서.

다른 이를 비방하거나 작은 이익을 탐하느라 죄악의 길에 섰던 일들,

다른 이에게 말로 상처를 주었던 일들,

작은 자 혹은 힘없는 사람들을 무시하거나 학대했던 일들,

거짓 맹세하거나 거짓말한 일들,

하나님, 이 모든 일을 주님이 아시오니

우리를 불쌍히 여기시고 그리스도의 보혈로 용서하여 주시옵소서.

우리 삶의 주인이신 하나님,

우리가 사람들을 격려하며, 자발적인 희생과 사랑을 실천하며

우리에게 죄지은 사람들을 용서하며 살아가는

복된 삶을 살아가게 하여 주시옵소서.

그러나 우리는 참으로 많이 부족하여

그와 같은 삶에 스스로 도달하지 못하오니

주님의 성령을 보내 주시어

우리를 고쳐 주시고 새롭게 하여 주시옵소서.

2장

움켜쥘수록

불안한 마음

그가 이르되 날이 새려 하니 나로 가게 하라
야곱이 이르되 당신이 내게 축복하지 아니하면
가게 하지 아니하겠나이다

창 32:22-28

움켜쥐는 야곱에게서
우리의 삶이 보입니다

　인간은 연약한 존재요, '빈손'의 존재입니다. 인간은 태어나
면서부터 빈손입니다. 누구도 무언가를 지니고 태어나지 않습
니다. 인간의 빈손을 제일 먼저 잡아 주는 이가 있다면 부모일
것입니다. 부모가 우리의 빈손에 무엇인가를 채워 주었기에 우
리가 이만큼 자랄 수 있었습니다.
　아이는 태어나서 1년이 지나 돌을 맞이하면 잡고 싶은 대상을
스스로 손에 쥐게 됩니다. 책, 연필, 돈, 쌀, 명주실 등 다양한 물
건을 앞에 놓고 돌잡이도 합니다. 우리는 아이가 돈이나 쌀을 잡
으면 부자가 될 것이고, 책이나 연필을 잡으면 학자가 될 것이
고, 명주실을 잡으면 오래 살겠다며 축하해 줍니다.
　그런데 여기서 한 가지 질문이 생깁니다. '돌잡이에 오늘 우리

의 현실이 녹아 있는 것은 아닌가?' 아이가 나이도 들기 전에 무언가를 손에 쥐도록 부모가 요구하는 것은 아닐까요? 아이에게 먹을 것을 잡으라 하고, 연필을 쥐어 줍니다. 이것저것 잡을 수 있는 물건들을 아이 앞에 놓아 둡니다. 따라서 아이의 손이 비어 있을 때가 많지 않습니다. 마치 어른들이 아이에게 자꾸 잡아야 한다고 가르쳐 주는 것은 아닐까요? 왜냐하면 이후에도 우리의 삶은 계속해서 무언가를 잡고, 또 무언가를 쥐는 인생이기 때문입니다. 무언가를 쥐지 않으면, 또 무언가를 움켜잡지 않으면 불안해지는 것이 우리의 인생인 것입니다.

창세기 32장에는 매우 흥미로운 인물이 등장합니다. 그는 태어날 때부터 독특했습니다. 모든 사람이 빈손으로 태어나는데, 그는 빈손으로 세상에 나오지 않았습니다. 어머니 배 속에서 나올 때부터 무언가를 손에 움켜쥐고 있었습니다. 형 에서의 발뒤꿈치를 잡고 태어난 야곱의 이야기입니다. 그래서 우리는 야곱의 인생을 '움켜쥐는 인생'으로 이해하곤 합니다. 야곱은 태생적으로 무언가를 움켜쥐는 사람이라고 할 수 있습니다.

그러나 안타깝게도 야곱은 자신이 움켜쥐었던 것들로 인해 좋지 않은 결말을 맞이하곤 했습니다. 형 에서의 발뒤꿈치를 붙잡고 태어났지만, 형과 좋은 관계를 유지하지 못했습니다. 형과 아버지 이삭을 속여 장자의 축복을 움켜쥐었는데, 생명의 위협을 받으며 도망가는 신세가 되고 말았습니다. 외삼촌 라반의 집에 들어가서는 아름다운 라헬을 붙잡았지만 그 대가가 상당했습니다. 자매 사이인 레아와 라헬, 두 아내 사이에 다툼과 질투가 있었고, 첩들까지 두어 행복한 가정을 이루지 못했습니다.

후에는 재산도 움켜쥐었습니다. 라반의 집에서 열심히 일하며 쌓은 재산입니다. 그러나 라반의 아들들과 불화가 촉발되었습니다. 그 땅에서 살 수 없을 만큼 어려운 형편에 처했고, 결국 그 집을 떠나게 되었습니다.

왜 야곱은 붙잡은 것마다 실패하고, 움켜쥔 것마다 좋은 결과를 얻지 못했을까요? 아마 이 질문에 대한 답은 야곱의 삶의 태도와 관련 있을 것입니다. 야곱은 그의 이름 뜻처럼 '속이는 자'였습니다. 야곱은 자신이 원하는 것을 얻기 위해, 바라는 것을 움켜쥐기 위해 누군가를 속이기를 서슴지 않았던 사람입니다.

먼저, 장자의 축복을 움켜쥐기 위해 형과 아버지를 속였습니다. 그것도 의도를 갖고서 감쪽같이 속였습니다. 재산을 움켜쥐기 위해 외삼촌 라반을 속였습니다. 라반은 야곱과 계약을 맺으며 일반적인 가축들을 자기가 갖기로 하고, 야곱에게 아롱진 것과 점 있는 것과 검은 가축들을 주기로 했습니다. 그런데 야곱은 가축을 기르면서 자신의 재산이 많아지도록 각종 수를 썼습니다.

"야곱이 새끼 양을 구분하고 그 얼룩무늬와 검은 빛 있는 것을 라반의 양과 서로 마주보게 하며 자기 양을 따로 두어 라반의 양과 섞이지 않게 하며 튼튼한 양이 새끼 밸 때에는 야곱이 개천

에다가 양 떼의 눈앞에 그 가지를 두어 양이 그 가지 곁에서 새끼를 배게 하고 약한 양이면 그 가지를 두지 아니하니 그렇게 함으로 약한 것은 라반의 것이 되고 튼튼한 것은 야곱의 것이 된지라 이에 그 사람이 매우 번창하여 양 떼와 노비와 낙타와 나귀가 많았더라"(창 30:40-43).

어찌 보면 지혜로운 처사 같습니다. 그러나 하나님은 야곱을 부르실 때 "버러지 같은 너 야곱아"(사 4:14, "지렁이 같은 너 야곱아", 개역한글)라고 말씀하셨습니다. '버러지'라는 단어의 원뜻은 '남의 것을 빨아먹는 벌레'입니다. 즉 야곱이 거머리나 기생충 같다는 뜻입니다. 어디엔가 붙어 떨어지지 않고 영양분을 빨아먹으면서 자라나는 보잘것없는 존재를 가리키신 셈입니다.

야곱의 인생은 정말 그러했습니다. 무엇이든 붙잡고, 무엇에든지 붙어서 사는 거머리처럼 살아왔습니다. 자신의 손에 무엇이 잡히면 절대로 놓지 않는 사람, 무언가 잡으면 절대로 빠져나가지 못하도록 잡아채는 사람, 그 사람이 바로 야곱이었습니다. 그래서 그는 부유함을 누릴 수 있었습니다.

이 야곱을 어떻게 평가합니까? 정말 나쁜 사람 아닙니까? 그런데 어쩐지 그가 나쁘다는 생각이 크게 들지 않습니다. 왜냐하면 야곱의 모습이 우리와 별반 다르지 않기 때문입니다. 아니, 실은 우리의 모습과 너무 닮아 있습니다. 우리도 무언가를 움켜쥡니다. 권력도, 재산도, 사랑도, 자녀도, 명예도 움켜쥡니다.

무언가를 움켜쥐려고 수없이 노력하는 것이 우리의 현실입니다. 보통은 올바른 방법을 사용하려고 하지만, 때로는 옳지 않은 방법도 불사합니다. 남을 속이는 자신을 정당화하며, 부당한 방법으로 무언가를 움켜잡으면서도 이 정도는 괜찮다며 자신을 위로할 때가 있습니다. 양심이 호소할지라도 '이 정도쯤은 법에서 벗어나지 않아. 이 정도면 지혜로운 거야' 하며 원하는 것을 움켜쥡니다. 혹은 '세상은 다 그래. 놓치고 나면 후회밖에 안 남아. 그러니 무슨 수를 써서라도 우선 잡고 보자' 하며 기회가 오면 무조건 붙잡으려고 할 때가 얼마나 많습니까? 심지어 때로는 그러한 삶의 방식을 '지혜'로 포장하기도 합니다.

우리 중 누군가는 그런 삶을 부러워하고, 어떤 이는 그 삶을 자랑스러워합니다. "돈도 붙잡자. 힘도 손에 넣자. 명예도 움켜쥐자." 우리는 이렇게 수없이 되뇌며 우리 앞에 놓인 모든 것을 움켜잡기를 좋아합니다.

움켜쥔 인생이
도리어 나를 움켜쥘 때가 얼마나 많습니까

그러나 움켜쥐며 산 야곱의 인생은 결코 행복하지 않았습니다. 끊임없이 붙잡고 수없이 움켜쥐었지만, 야곱은 늘 쫓겨 다녔고 불안했습니다. 잡은 것이 무의미해졌고, 움켜쥔 것들로 인해 도리어 복잡한 일들이 일어나기도 했습니다. 붙잡은 것 때문에 불안해졌고, 움켜쥐어서 도망가는 신세가 되었습니다.

심지어 움켜쥐며 산 야곱이 오히려 움켜쥠을 당하는 운명에 처한 적도 있습니다. 속이는 자 야곱이 라반에게 속는 인생이 된 것입니다. 야곱은 곱고 아리따운 라헬을 손에 쥐고자 했지만, 라반이 야곱을 속여 라헬보다 시력이 나쁜 레아를 먼저 야곱의 침실에 보냈습니다. 속이는 자 위에 또 다른 속이는 자가 있었습니다. 야곱은 그렇게 속이다가 속는 인생이 되고 만 것입니다. 한편 자기 손에 쥐고 싶지 않았던 것까지 쥐어야 하는 일이 벌어졌습니다. 레아를 얻기 위해 7년을 일하고, 또 라헬을 얻기 위해 7년을 일해야 하는, 심지어 외삼촌의 양 떼를 위해 또다시 6년을 일해야 하는 조건이 형성되기도 했습니다(창 31:41).

야곱은 형 에서의 장자권을 손에 쥔 이후 도망자 신세가 되었습니다. 사랑하는 어머니 리브가도 보지 못한 채 인생을 살아가야 했습니다. 형 에서와 원수가 되어 고향으로 돌아갈 수조차 없었습니다. 외삼촌 라반의 집에서는 라반의 손에 붙잡혀 종처럼 일하는 신세로 전락해 20년을 허비할 수밖에 없었습니다.

이러한 야곱의 인생, 어떻습니까? 자신은 분명히 무언가를 확실히 잡았다고 생각했지만, 결국 아무것도 잡지 못한 인생이 되고 말았습니다. 도리어 누군가에게 붙잡혀 불안에 떨며 살아야 하는 나날을 보냈습니다. 창세기 31장에는 라반 아래서 야곱이 경험한 쓰라린 인생의 시절이 고스란히 나타나 있습니다.

"내가 이 이십 년을 외삼촌과 함께하였거니와 외삼촌의 암양들이나 암염소들이 낙태하지 아니하였고 또 외삼촌의 양 떼의 숫양을 내가 먹지 아니하였으며 물려 찢긴 것은 내가 외삼촌에게로 가져가지 아니하고 낮에 도둑을 맞았든지 밤에 도둑을 맞았든지 외삼촌이 그것을 내 손에서 찾았으므로 내가 스스로 그것을 보충하였으며 … 내가 외삼촌의 집에 있는 이 이십 년 동안 외삼촌의 두 딸을 위하여 십사 년, 외삼촌의 양 떼를 위하여 육 년을 외삼촌에게 봉사하였거니와 외삼촌께서 내 품삯을 열 번이나 바꾸셨으며 우리 아버지의 하나님, 아브라함의 하나님 곧 이삭이 경외하는 이가 나와 함께 계시지 아니하셨더라면 외삼촌께서 이제 나를 빈손으로 돌려보내셨으리이다마는 하나님이 내 고난과 내 손의 수고를 보시고 어젯밤에 외삼촌을 책망하셨나이다"(창 31:38-39, 41-42).

지금 손에 쥐고 있는 것이 무엇입니까? 권력, 명예, 재산, 자녀, 혹은 그 모든 것입니까? 그것을 움켜쥐기 위해 얼마나 큰 대가를 지불했습니까?

그런데 한번 생각해 보십시오. 내가 권력을 쥐었다고 생각할 수 있습니다. 그러나 사실은 권력이 나를 붙잡고 있음을 곧 알게 될 것입니다. 내가 재물을 잡고 있는 것처럼 보입니다. 그러나 사실 재물이 나를 붙잡아 휘두르고 있음을 알게 됩니다. 내가 잡고 있는 그것이 도리어 나를 잡고 있음을 깨닫게 됩니다. 야곱이 그러했습니다. 야곱이 그토록 붙잡아 두었던 것들이 결국 야곱을 붙잡아 그의 인생을 조종하고 말았습니다.

빈손으로 하나님 '만'을 붙잡을 때
모든 문제가 풀립니다

이렇게 살아가던 야곱에게 일생일대의 위기가 닥쳤습니다. 외삼촌 라반의 집에서 더는 살 수 없게 된 것입니다. 이제 고향으로 돌아가야 하는 신세가 되었습니다. 많은 것을 손에 쥐고 있었지만, 이제 어디로 가야 할지 막막했습니다. 라반의 땅에서도 살 수 없었고, 고향으로 돌아가자니 형 에서가 보복할까 봐 불안해서 발을 뗄 수 없었습니다.

그래도 하릴없이 고향으로 돌아가려는데, 벌써 전갈이 왔습니다. 형 에서가 400명의 군사를 데리고 야곱을 향해 오고 있다는 내용이었습니다. 어쩌면 형 에서의 손에 죽을지도 모르는데 야곱이 손에 쥐고 있는 것들이 다 무슨 소용이 있겠습니까.

이때 야곱은 하나님께 간구했습니다. "나는 주께서 주의 종에게 베푸신 모든 은총과 모든 진실하심을 조금도 감당할 수 없사

오나 내가 내 지팡이만 가지고 이 요단을 건넜더니 지금은 두 떼나 이루었나이다 내가 주께 간구하오니 내 형의 손에서, 에서의 손에서 나를 건져 내시옵소서 내가 그를 두려워함은 그가 와서 나와 내 처자들을 칠까 겁이 나기 때문이니이다"(창 32:10-11). 여전히 그는 자신이 쥐고 있는 자녀들과 아내들을 걱정했습니다. 재산과 목숨을 빼앗길까 봐 염려했습니다.

모든 것이 허무로 돌아갈 찰나였습니다. 바로 그 위기의 순간, 야곱은 드디어 인생 처음으로 손에 있는 것들을 하나씩 내려놓기 시작했습니다. 우선 형 에서에게 예물을 보냈습니다. 야곱이 그 재물을 얻기 위해 얼마나 수고하고 땀을 흘렸습니까. 하지만 야곱은 그 재물을 놓을 수밖에 없었습니다. 그가 형에게 세 떼로 나누어 보낸 예물의 내용은 이러합니다. "암염소가 이백이요 숫염소가 이십이요 암양이 이백이요 숫양이 이십이요 젖 나는 낙타 삼십과 그 새끼요 암소가 사십이요 황소가 열이요 암나귀가 이십이요 그 새끼 나귀가 열이라"(창 32:14-15).

그러고는 야곱은 자신의 사랑하는 아내들과 여종들을 앞서 보냈습니다. 아들들도 얍복강을 건너도록 했습니다. 자녀들도, 아내들도, 종들도, 가축들도 내어 놓았습니다. 그리고 마지막으로 자신이 가진 모든 소유물을 얍복강 나루터 바깥으로 내어 놓았습니다. 야곱이 모든 것을 내려놓은 순간입니다. 야곱에게 일어날 수 없는 일이 일어난 것입니다. 야곱의 손에는 늘 무언가가

쥐어져 있었습니다. 그는 평생 무언가를 붙잡고 있었습니다. 그 런데 드디어 그의 손이 빈손이 되었습니다.

야곱은 태어나면서 한 번도 빈손인 적이 없었습니다. 항상 무 언가를 잡으려고, 얻으려고 노력했습니다. 장자의 축복권을 들 고 벧엘이라는 길을 통과한 사람입니다. 손에 무언가를 쥐기 위 해 살았던 사람입니다. 그는 그렇게 모든 것을 잡아 보았습니다. 잡을 수 있는 것이라면 다 잡아 보고 누려 보았습니다. 그러나 이제는 빈손이 되었습니다.

그런데 바로 그때 놀라운 일이 벌어졌습니다. 얍복 강가에서 야곱은 한 분을 만났습니다. 예사롭지 않은 분이셨습니다. 그는 또다시 그분을 붙잡았습니다. 그러고는 절대로 놓지 않았습니 다. 이 장면에서 하나님의 유머가 엿보입니다. 아마도 그때 하 나님이 빙그레 웃고 계셨을 것 같습니다. "그래, 너 그럴 줄 알았 다. 너는 무조건 잡지. 빈손이 되자마자 너는 또다시 잡는구나. 그런데 이번에는 나다. 이제 네가 나를 붙잡았구나."

지금 야곱은 얼떨결에 하나님을 붙잡았습니다. 하나님 '만'을 붙잡았습니다. 그의 빈손이 드디어 하나님을 붙잡은 것입니다. 늘 그래 온 것처럼, 그의 본성이 그런 것처럼 야곱은 한 번 잡으 면 놓지 않았습니다. 그런데 이제 그의 손에 잡힌 것은 재물이 아니고, 권력이나 명예도 아니며, 자녀도 아니었습니다. 그가 붙 잡은 것은 영원하신 하나님, 창조주 하나님이셨습니다.

야곱은 그 하나님을 절대 놓지 않으려 했습니다. 붙잡은 그분을 밤새도록 씨름하며 끝까지 놓지 않았습니다. 하나님이 그의 허벅지 관절을 치셨지만 그래도 놓지 않았습니다. 야곱은 끝까지 하나님을 붙잡았습니다. 지독한 야곱입니다. 그러나 그 지독함이, 그 붙잡음이 도리어 축복의 사건이 되었습니다.

하나님이 야곱에게 말씀하셨습니다. "네 이름이 무엇이냐"(창 32:27). 이에 야곱은 "야곱이니이다" 하고 자신의 이름을 말했습니다. 그러자 하나님은 야곱에게 축복의 말씀을 해 주셨습니다. "네 이름을 다시는 야곱이라 부를 것이 아니요 이스라엘이라 부를 것이니 이는 네가 하나님과 및 사람들과 겨루어 이겼음이니라"(창 32:28). 다시 말해, "네가 나를 붙잡고 놓지 않았기 때문에 네가 나를 이겼구나"라고 말씀하신 것입니다.

야곱의 손이 빈손이 되자 상황이 달라졌습니다. 그가 빈손이 되자 하나님을 붙잡을 수 있게 되었고, 그가 빈손이 되자 형 에서와 화해가 일어나기 시작했습니다. 사실 형 에서와의 화해는 전혀 생각지도 못한 일이었습니다. 그러나 야곱의 모든 재물이 에서 쪽으로 흘러가 야곱이 빈손이 되었을 때 형 에서의 마음이 녹았고, 평화가 창조되었습니다. 이것이 바로 하나님이 야곱에게 주신 은혜이자 축복입니다.

동남아시아에서 원숭이를 잡는 방법이 있다고 합니다. 원숭이가 먹을 만한 음식을 통에 넣고 원숭이의 손이 들어갈 만큼만 구멍을 뚫어 놓습니다. 그러면 원숭이가 구멍에 손을 넣어 음식을 붙잡습니다. 그런데 음식을 붙잡으면 원숭이의 손이 구멍에서 빠져나올 수가 없습니다. 빈손이 되어야만 손이 빠져나올 수 있는데, 원숭이는 절대 손을 펴지 않습니다. 결국 붙잡은 음식을 놓지 않으려다 그 붙잡은 음식이 덫이 되어 인간에게 붙잡히고 맙니다.

하나님을 붙잡는 것도 이와 같지 않을까요? 하나님을 붙잡기 위해 우리에게 필요한 것은 빈손입니다. 빈손이 되지 않으면 우리는 결코 하나님을 만날 수 없습니다.

한 독일어 성경 번역본은 팔복 중에서 첫 번째 복인 "심령이 가난한 자는 복이 있나니"(마 5:3)라는 말씀을 이렇게 번역했습니다. "빈손을 들고 하나님 앞에 서 있는 사람은 복이 있다." 왜 빈손을 들고 하나님 앞에 서 있는 사람이 복이 있습니까? 하나님을 붙잡을 수 있기 때문입니다. 무언가 다른 것을 붙잡고 있는 사람은 하나님이 지나가실 때 그분을 붙잡을 수가 없습니다. 그런데 빈손으로 주님 앞에 서 있는 사람은 하나님을 붙잡을 수 있습니다. 여기에 진정한 은혜와 행복이 있습니다.

권력이 귀하면 권력을 손에 쥐십시오. 재산이 귀하면 재산을 붙잡으십시오. 자녀와 배우자가 귀하면 자녀와 배우자를 손에 움켜쥐십시오. 명예가 귀하다고 생각되면 명예를 꽉 잡으십시오. 그러나 이 허망한 세상은 이 모든 것을 영원히 우리 손에 쥐어 주지 않습니다.

그렇다고 해서 우리가 손에 쥔 모든 것을 버리라는 뜻은 아닙니다. 재산도 필요하고, 자녀와 배우자도 필요합니다. 다만 내게 전부가 되지 않게 해야 한다는 의미입니다. 그것들을 움켜쥐고 놓지 않거나 그것들에 의지해서 인생을 살아서는 안 된다는 뜻입니다. 바로 이것이 '빈손'의 참 의미입니다. 재물이나 명예가 있어도 빈손이 될 수 있고, 자녀나 배우자와 함께 있어도 빈손이 될 수 있습니다. 빈손이 중요합니다. 그래야 주님을 잡을 수 있습니다. 하나님을 손에서 놓지 마십시오.

앞서 살펴본 이사야 41장 14절에서 하나님은 야곱을 부르시면서 "버러지 같은 너 야곱아"라고 말씀하셨습니다. 그런데 앞선 10절을 보면, 하나님이 다음과 같이 말씀하셨습니다. "두려워하지 말라 내가 너와 함께함이라 놀라지 말라 나는 네 하나님이 됨이라 내가 너를 굳세게 하리라 참으로 너를 도와주리라 참으로 나의 의로운 오른손으로 너를 붙들리라"(사 41:10). 우리가 하나님을 붙잡고 있는 것 같지만, 사실은 하나님이 우리를 붙잡아 주십니다.

야곱은 얍복 강가에서 하나님을 붙잡고 늘어졌습니다. 그러나 그곳까지 먼저 와 주신 분은 바로 하나님이십니다. 하나님이 우리의 손을 잡아 주실 때 우리가 진정한 하나님의 백성이 될 수 있습니다. 이 험한 인생길을 강하신 주님의 손을 붙잡고 살아가는 우리가 되기를 바랍니다.

사랑과 자비가 풍성하신 하나님,

천군 천사와 모든 만물이 소리 높여

찬송과 영광을 돌리기에도 부족한 창조주 하나님 앞인데,

우리는 온 세상 만물을 바라보면서도

하나님의 능력과 임재를 알아차리지 못하는

영적 무감각 상태의 삶을 살아왔음을 고백합니다.

하나님, 우리의 영적인 감각이 다시 깨어나

주님을 보고, 주님의 말씀을 들으며,

주님의 손길을 느끼는 은혜를 허락하여 주시길 간구합니다.

"나 외에 다른 신을 두지 말라"라는 주님의 명령을

마음에 새기고 있으면서도,

우리는 늘 다른 신을 마음에 두고

귀히 여기며 섬길 때가 있음을 고백합니다.

재물, 권력, 명예, 자식, 가족, 자존심을 섬길 때가 있음을 자백합니다.

오직 하나님만이 우리의 주인 되심을 고백하기 원합니다.

무언가 움켜쥐고 싶은 것이 많을 때
주님을 생각하게 하여 주시옵소서.
우리가 붙잡고 있는 것이 무엇인지
볼 수 있는 눈을 열어 주시옵소서.
우리가 붙잡고 있는 것이
이 세상의 것, 허무한 것, 거짓된 것이 아니기를 원합니다.
우리가 붙잡은 것이 구원이요, 믿음이자, 소망이게 하여 주시옵소서.
우리가 움켜쥐고 놓지 않는 것이 우리 주님이기를 원합니다.

3장

자신을 위해

사는 인생

무법한 자들의 음란한 행실로 말미암아

고통당하는 의로운 롯을 건지셨으니

벧후 2:4-8

하나님은 왜 무기력하고 자기중심적인
롯을 사랑해 주셨을까요?

롯의 이름을 들어 본 사람들은 많지만, 그에 대해 아는 내용은
그리 많지 않을 것입니다. 롯은 아브라함의 조카로서, 아브라함과
함께 하란을 떠났습니다. 그는 소돔과 고모라성에 거주하다가
그 성이 멸망할 때 탈출해 산 위에서 살다 암몬 족속의 조상이
된 인물입니다.

아브라함과 롯에 대한 이야기는 창세기 11장 27절에서 시작
됩니다. 아브라함의 아버지 데라에게는 세 아들이 있었습니다.
아브라함, 나홀, 하란입니다. 그들 중 하란은 갈대아 우르에서
아버지보다 먼저 세상을 떠났습니다. 하란의 자녀들의 이름은
롯, 밀가, 이스가였습니다. 이 중에서 밀가는 삼촌인 나홀과 결
혼해서 살았습니다. 아마도 이스가도 그와 함께 남았던 것 같습

니다. 롯만 아브라함과 함께 떠났습니다.

이때부터 아브라함과 롯은 가정 공동체가 되어 운명을 같이했습니다. 둘은 여러 곳을 함께 다니며 인생을 보냈습니다. 오랫동안 아들이 없었던 아브라함은 조카 롯을 끔찍이 사랑했던 것 같습니다. 아브라함과 롯은 때로는 아버지와 아들처럼, 때로는 형과 동생처럼 다정하고 사랑스러운 관계가 아니었을까 싶습니다.

롯은 아브라함과 함께한 후로 많은 혜택을 입었습니다. 하나님이 아브라함에게 많은 축복을 허락하셨기 때문입니다. 창세기 13장 2절에서 아브라함은 가축과 은과 금 등 많은 재물을 얻게 된 부자로 묘사되어 있습니다. 이어지는 말씀은 롯도 부자가 되었다고 말합니다. "아브람의 일행 롯도 양과 소와 장막이 있으므로 그 땅이 그들이 동거하기에 넉넉하지 못하였으니 이는 그들의 소유가 많아서 동거할 수 없었음이니라"(창 13:5-6).

아브라함과 롯은 시간이 지날수록 점점 더 부자가 되어서 더는 함께할 수가 없었습니다. 결국 아브라함은 롯에게 독립할 것을 제안했습니다. 아브라함의 제안에서 조카를 향한 애틋함이 느껴집니다. "우리는 한 친족이라 나나 너나 내 목자나 네 목자나 서로 다투게 하지 말자 네 앞에 온 땅이 있지 아니하냐 나를 떠나가라 네가 좌하면 나는 우하고 네가 우하면 나는 좌하리라"(창 13:8-9). 아브라함은 롯에게 유리한 조건을 제시하면서 그에 대한 애정을 드러냈습니다.

한편 롯에게는 아브라함에 대한 배려가 크게 없어 보입니다. 그는 자신에게 더 좋은 땅, 물이 넉넉한 땅을 선택했습니다. 양보하지 않았습니다. "이에 롯이 눈을 들어 요단 지역을 바라본즉 소알까지 온 땅에 물이 넉넉하니 여호와께서 소돔과 고모라를 멸하시기 전이었으므로 여호와의 동산 같고 애굽 땅과 같았더라"(창 13:10).

롯은 요단 동편의 온 들판을 갖기로 하고 아브라함을 떠났습니다. 롯이 선택한 땅은 이미 문명이 발달했고 성읍들이 있는 지역이었습니다. 롯은 여러 성읍을 돌아다니다 결국 소돔성에 정착했습니다.

그러나 롯은 소돔에 살며 많은 어려움을 겪었습니다. 여러 왕들이 연합해 소돔과 고모라성을 공격했습니다. 그때 롯과 가족들은 포로로 잡혀가는 처지가 되었습니다. 재물도 다 빼앗겼습니다. 그 소식을 들은 아브라함이 훈련된 자 318명을 데리고 달려가 후방을 쳐서 롯과 가족들뿐만 아니라 잃었던 재산까지 환수했습니다(창 14장).

그런데 그 많은 왕이 쳐들어왔을 때 롯은 무엇을 했을까요? 롯은 아무런 저항도 하지 못했던 것 같습니다. 그저 사로잡혀 간 정황만 성경에 기록되어 있습니다. 아브라함은 318명이나 데려가 전쟁에서 승리하고 돌아왔는데, 그에 비해 롯의 모습은 무기력하기만 합니다. 한마디로, 롯은 아브라함을 통해 복을 얻었고,

성공했으며, 부도 누릴 수 있었습니다. 롯이 스스로 한 일은 별로 없어 보입니다. 롯은 누리는 사람이긴 했으나, 무언가를 스스로 세우는 사람은 아니었던 것입니다.

롯에게 가장 큰 사건은 단연코 이후에 일어난 소돔과 고모라성이 멸망한 순간일 것입니다. 그때 하나님은 하나님의 사람들을 보내 아브라함에게 소돔과 고모라가 멸망할 것을 알려 주셨습니다. 아브라함은 조카 롯을 생각해 하나님께 간절히 기도드렸습니다. 만약 소돔에 50명의 의인이 있으면, 아니 45명, 40명, 30명, 20명으로 줄이다가 마지막으로 10명만 있으면 멸망을 거둬 달라고 하나님께 요청을 드렸습니다. 마침내 하나님은 10명의 의인만 있으면 소돔과 고모라성을 멸망시키지 않겠다고 약속하셨습니다.

그런데 소돔과 고모라성에는 의인 10명이 없었고, 결국 롯과 가족들은 소돔과 고모라성에서 죽임을 당할 수밖에 없는 처지가 되었습니다. 그런데 어떤 연유인지, 하나님이 롯과 가족들을 구해 주기로 작정하셨습니다. 하나님이 두 천사를 보내셔서 그들을 성 밖으로 내보내신 것입니다.

롯의 인생을 찬찬히 살펴보면, 그는 참 인복이 많은 사람이라는 생각이 듭니다. 늘 누군가의 도움을 받았고, 특히 아브라함의 보살핌과 배려로 순탄한 인생을 살 수 있었습니다. 더욱이 소돔이 멸망할 때는 하나님이 천사들을 보내 주셔서 목숨을 건질 수 있었습니다.

그런 롯의 인생을 생각하면서 다음과 같은 질문이 떠올랐습니다. '과연 롯은 얼마나 정직했을까? 어느 정도로 의인이었을까?' 더 나아가 '왜 하나님은 롯에게 이토록 자비와 은혜를 베푸셨을까? 왜 롯을 사랑해 주셨을까?'라는 생각이 들었습니다. 아무리 살펴봐도 롯에게는 이렇다 할 신앙적 특징이 보이지 않기 때문입니다. 그가 정말 신앙이 있었는지 찾아내기도 어렵습니다. 하나님의 복을 누릴 만한 자격이 있어 보이지도 않습니다.

제가 롯입니다

제가 바로 그 사람입니다

롯의 삶을 다시 한 번 천천히 들여다보겠습니다. 창세기 13장 13절을 보면, 롯이 소돔에 정착할 당시 소돔이 어떤 상태였는지가 드러나 있습니다. "소돔 사람은 여호와 앞에 악하며 큰 죄인이었더라."

소돔성은 롯이 정착하기로 스스로 결정한 도시였습니다. 그러나 당시 롯은 그 땅의 영적인 상태를 고려하지 않았습니다. 소돔성의 편의성과 유익 등은 따져 보았을지 모르지만, 그곳 주민들이 얼마나 악한 죄인들인지, 얼마나 하나님을 떠나 있는 사람들인지는 전혀 생각하지 않았습니다.

그렇다고 해서 롯이 소돔성에서 의롭게 산 것 같지도 않습니다. 소돔과 고모라성이 멸망하기 전, 하나님은 천사 둘을 롯에게 보내셨습니다. 롯은 그들을 극진히 대접했습니다. 하지만 주민들이 롯에게 손님들이 찾아왔다는 사실을 알고는 집을 에워싸 그들을 내어 놓으라고 야단법석을 떨었습니다. 그들과 성적인 관계를 맺으려는 의지를 보인 것입니다. 그야말로 당시 소돔성이 얼마나 성적으로 타락하고 혼탁했는지를 보여 주는 대표적인 사건이라고 할 수 있습니다.

그런데 이때 롯은 손님들에게는 아무 일도 저지르지 말라고 하며, 자신에게 남자를 가까이하지 않은 두 딸이 있으니 내어 주겠다고 선언했습니다(창 19:8). 과연 아버지로서 내릴 법한 결정입니까? 참으로 이해하기 어려운 해결 방법입니다.

물론 롯이 하나님의 천사들을 귀히 여겼기 때문일 수도 있습니다. 하나님의 천사를 모시기 위해서라면 어떤 희생이라도 각오하겠다는 의지로 풀이할 수도 있습니다. 나아가 당시 나그네들이 얼마나 힘없는 약자였는가를 보여 주는 대목이기도 합니다.

그러나 아무리 생각해도, 롯의 해결 방식은 이해하기 어렵습니다. 롯에게는 큰 문제가 있었는데, 바로 적당히 타협하는 것이었습니다. 롯은 언제나 타협하는 삶으로 일관했습니다.

롯에게서 신앙적인 단호함이나 원칙, 철저함은 보이지 않습니다. 자신의 딸들을 내어 주는 것조차 아무렇지 않게 생각하는, 그저 좋을 대로 대강 살아가는 모습뿐입니다.

더욱이 롯의 사윗감들은 롯의 이야기를 믿지 않았을 뿐만 아니라 소돔성을 떠나지도 않았습니다. 롯은 예비 사위들에게조차 하나님을 알리거나 그분을 따르도록 하는 데 실패한 사람이었던 것입니다. 한마디로 말해, 롯의 가족들에게는 하나님에 대한 어떤 신앙적 기준도 없었습니다.

롯의 아내도 마찬가지였습니다. 소돔과 고모라성을 빠져나올 때 뒤돌아봐서는 안 된다는 주님의 사자들의 명령을 들었지만 결국 뒤를 돌아보아 소금 기둥이 되고 말았습니다. 이 사실은 롯의 아내가 세상적이었다는 사실을 알려 주는 징표입니다. 두고 온 집과 재산 등 세상에 미련을 두고, 하나님의 명령을 마음에 새기지 못했던 사람이라는 뜻입니다.

롯의 두 딸도 다르지 않았습니다. 소돔과 고모라가 멸망한 후 그들은 잠시 소알에 머물다 산으로 피신해 살았습니다. 큰 심판을 경험한 후 심각한 후유증이 찾아와 은둔의 삶을 살아갔을 것입니다. 그들은 평생을 그렇게 지냈습니다. 이때 롯의 두 딸은 자신들에게 배필이 없다는 사실을 알고는 아버지를 술에 취하게 한 후 동침하여 아이를 가졌습니다.

이에 대해 어떤 이는 당시는 이러한 일이 가능했다고 주장합니다. 또 어떤 해석자는 바로 이 장면이야말로 당시 사람들이 얼

마나 성적으로 타락했는지를 단적으로 보여 주는 사건이라고
말하기도 합니다. 그래서 롯이 성적으로 타락한 소돔에서 탈출
하긴 했지만 또다시 그의 가족들로부터 또 다른 소돔이 시작되
었다고 주장하는 사람도 있습니다.

과연 롯의 가정은 제대로 된 가정입니까? 하나님을 믿는 신앙
의 가정이라고 말할 수 있을까요?

그런 롯을 의롭다 하신 하나님이
이런 우리도 의롭다 하십니다

롯의 인생을 어떻게 평가할 수 있을까요? 저는 롯의 인생이
마음에 들지 않습니다. 어쩌면 우리 인생과 너무 닮아서인지도
모릅니다. 그동안 롯이 하나님께 무언가를 드린 적이 있습니까?
아무리 성경 구석구석을 살펴보아도 롯이 하나님께 무언가를
드렸다는 흔적은 발견되지 않습니다. 그렇다고 자신을 보호하
고 사랑해 준 아브라함에게도 무언가를 주었다는 기록이 없습
니다. 그저 자신만을 알고 자신의 영달과 번영만을 위해 살아온
사람이 롯입니다. 게다가 롯은 어려움이 찾아오면 모른 척하거
나 타협하고 면피한 채 살아왔습니다.

롯은 불의한 소돔과 고모라성에 살면서 하나님께 온전한 제

사를 드린 적이 한 번도 없습니다. 소돔에 살던 사람들에게 하나님을 증거한 적도 없는 것 같습니다. 그러니 아내와 딸들, 사윗감들에게도 신앙적 의로움과 원칙을 전달하는 데 실패했던 것입니다.

아브라함이 하나님께 소돔성에 10명의 의인만 있으면 구해 달라고 간구했을 때 왜 5명으로 한 번 더 줄이지 않았을까요? 롯의 가족을 다 합하면 대략 6명입니다. 어쩌면 아브라함은 '소돔성에는 롯이 있으니, 그가 가족들을 구원의 길로 인도했을 거야. 적어도 6명은 구원받았겠지? 그리고 롯은 그 땅에서 오래 살았으니, 적어도 가족 외에 4명 정도는 구원의 길로 인도했을 거야'라고 생각했을지 모릅니다. 그러나 소돔에는 의인 10명이 없었습니다. 몇 명의 의인이 있었는지도 불분명합니다.

롯은 아브라함 때문에 고향과 친척과 아버지의 집을 떠난 후에도 거부가 될 수 있었습니다. 하나님은 아브라함을 아끼신 사랑으로 롯도 불쌍히 여기셔서 그를 멸망에서 구원해 주셨습니다. 하지만 이후 롯의 인생은 의미 있는 인생이 되지 못했습니다. 그저 소돔에서 탈출한 후 소알이라는 곳에 머물다 산 위로 올라가 폐인처럼 숨어 살았습니다. 그렇게 지내다 암몬 자손의 조상이 된 것입니다.

하나님의 사람다운 인생이 맞습니까? 저는 특히 롯의 이야기를 떠올릴 때마다 '제가 롯입니다. 제가 바로 그 사람입니다'라는 자책을 할 때가 많습니다. 사회를 변혁하지도 못하고, 살아가는 데 연연하며, 문명의 이기에 익숙해 성읍이 아니고는 도저히 살아갈 줄 모르는 롯. 문명 속에서 불신앙과 이교도적인 사상 때문에 고통을 당하고 있지만 세상을 바꾸지는 못하는 롯. 더욱이 롯은 한 번도 도전하거나 하나님 나라를 이루기 위해 일해 본 적도 없습니다. 그는 하나님 나라를 선포해 보지도 못했습니다. 나약하게 자기 삶만을 꾸렸을 뿐입니다.

이런 롯의 모습이 내 모습은 아닌지 돌아봅니다. 연약하고, 가정을 복음화하지도 못하고, 하나님 나라를 위해 살아가지도 못하는 사람 말입니다. 마치 내 모습을 보는 것 같아 롯이 불쌍할 뿐만 아니라 애처롭기까지 합니다. 처절한 우리의 모습을 보는 것 같습니다.

그런데 베드로후서 2장 6-8절에서 정말 놀라운 구절을 발견하게 됩니다. "소돔과 고모라성을 멸망하기로 정하여 재가 되게 하사 후세에 경건하지 아니할 자들에게 본을 삼으셨으며 무법한 자들의 음란한 행실로 말미암아 고통당하는 의로운 롯을 건지셨으니 (이는 이 의인이 그들 중에 거하여 날마다 저 불법한 행실을 보고 들음으로 그 의로운 심령이 상함이라)."

하나님은 이 가련한 인생, 아무것도 하지 못하는 롯을 향해 '의인'이라는 단어를 사용하셨습니다. 사실 롯은 정말 형편없이 살았다 해도 과언이 아닙니다. 그의 삶을 돌이켜 보면, 하나님을 만족시킬 만한 일을 한 적이 없습니다. 그럼에도 하나님은 롯을 의인이라 불러 주셨습니다.

하나님이 롯을 의인으로 부르시고 그토록 귀하게 대해 주신 이유가 무엇입니까? 바로 하나님이 사랑하시는 믿음의 조상 아브라함 때문입니다. 하나님은 소돔성을 멸망시키실 때도 아브라함을 생각하셔서 롯과 가족을 구원해 주셨습니다. "하나님이 그 지역의 성을 멸하실 때 곧 롯이 거주하는 성을 엎으실 때에 하나님이 아브라함을 생각하사 롯을 그 엎으시는 중에서 내보내셨더라"(창 19:29).

롯이 한 일은 별로 없습니다. 불법한 행실을 보고 들으며 마음이 상했을 뿐입니다. 무언가 시도한 적이 없습니다. 하나님 나라를 이루는 데 공헌한 일도 없습니다. 그저 마음만 상할 뿐 시류에 휩쓸린 삶을 살아온 인물입니다. 그런데 하나님이 아브라함을 생각하셔서 그를 의인이라 불러 주셨습니다.

바로 여기에 신앙의 유비가 있습니다. 아브라함과 롯의 관계는 신약에서 그리스도와 우리의 관계에 적용할 수 있습니다. 믿음의 조상 아브라함을 생각하셔서 롯을 의롭다 여겨 주신 하나님이 예수 그리스도를 통해 우리를 바라보십니다. 하나님은 너무도 하찮고 볼품없는 우리에게 "너는 하나님의 자녀다. 너는 의인이다"라고 말씀해 주십니다. 이것이 하나님의 은혜입니다.

우리는 참으로 부족한 사람들입니다. 하나님을 기쁘시게 할 만한 삶을 살아 내지 못하는 연약한 사람들입니다. 그러나 하나님이 우리 주 예수 그리스도를 생각하셔서 우리를 심판에서 구원해 주셨습니다. 우리를 의롭다고 칭해 주셨습니다.

이제 우리의 삶을 다시 돌아봅시다. 과연 우리는 하나님의 귀한 존재로 살아가고 있습니까? 다시 회개의 자리로 나아가 "하나님, 저는 롯입니다. 저는 이렇게밖에 못 살았습니다. 저는 형편없는 존재입니다"라고 고백하게 되기를 바랍니다.

자비로우신 하나님,

마치 다른 사람의 옷을 입은 것처럼

이 세상을 살아가는 일이 편하지만은 않습니다.

더 좋은 것을 얻고, 더 많은 것을 가지면 편안해질 줄 알았는데

우리의 마음과 영혼은 더욱 지치고 피곤합니다.

남들이 가질 수 없는 것들을 가졌고 손에 쥐었지만

그것을 들고 있는 손이 무안하고, 힘들며, 때로는 고통스럽기도 합니다.

소돔과 고모라 같은 세상에서 살아가면서

그래도 그리스도인이라고 구별된 삶을 살려고 노력했지만,

지나고 보니 주님을 위해 한 일이 하나도 없고

그저 시류에 휩쓸려 살아온 것은 아닌지,

주님께 회개하며 용서를 구합니다.

거룩하신 하나님,

주님의 성령을 분여해 주셔서

우리가 주님의 뜻을 온전히 구하며 실천할 수 있도록

우리를 새롭게 해 주시옵소서.

4장

누추한 모습을

숨기고 싶을 때

예수께서 손을 내밀어 그에게 대시며 이르시되
내가 원하노니 깨끗함을 받으라 하시니
즉시 그의 나병이 깨끗하여진지라

마 8:1-4

예수님은 나병 환자에게
손을 내밀어 그에게 대셨습니다

　마태복음 8장 1-4절은 예수님이 나병 환자를 치유하신 사건을 기록하고 있습니다. 요즘은 '나병'이란 표현을 잘 사용하지 않고, '한센병' 내지 '한센씨병'이라고 합니다. 한센병은 피부에 심한 변형이 생기고, 신경세포가 손상되어 점차 합병증이 나타나고, 피부가 썩고 고름이 생기다가 결국 사지가 무감각해지면서 통각마저 사라지는 무서운 질병입니다. 그래서 불에 손이 닿아도 뜨거운 줄 모르고, 손가락이나 발가락이 잘려도 통증을 느낄 수 없습니다.

　과거에 나병은 불치병이자 전염병이었기에, 나병 환자는 사회로부터 격리 조치되었습니다. 구약성경에 의거해서도, 나병에 걸린 사람들은 하나님의 은혜에 들어설 수 없는 자들이었습니다. 레위기 13장 45-46절에는 "나병 환자는 옷을 찢고 머리를 풀며 윗입술을 가리고 외치기를 부정하다 부정하다 할 것이요 병 있는 날 동안은 늘 부정할 것이라 그가 부정한즉 혼자 살되 진영 밖에서 살지니라"라고 기록되어 있습니다.

상황이 이렇다 보니, 나병 환자는 죽음보다 더 고통스러운 삶을 살아야 했습니다. 사랑하는 가족을 떠나야 했고, 서서히 진행되는 병과 수십 년을 싸워 가며 자신의 죽음을 지켜봐야 했습니다. 사회에서는 차별과 박대를 당했고, 경제적으로는 궁핍하게 살았으며, 신체적으로는 신체 일부가 떨어져 나가는 자신을 지켜보며 죽어 갔습니다.

성경이 나병에 대해 많이 이야기하고 있음에도 불구하고, 사실 개인적으로는 나병이 치유되는 사건에 큰 관심을 갖지 못했던 것 같습니다. 아마 성경에 나병이 치유되는 장면이 자주 나와서인 것 같습니다. 나아만 장군의 나병도 엘리사 선지자에 의해 고침 받았고, 10명의 나병 환자들을 주님이 한꺼번에 고쳐 주셨으며, 또 나병을 고치신 예수님의 이적이 성경 곳곳에 등장하는 까닭입니다.

그러다 보니 나병이 어떤 병인지 정확히 모르면서도, 마치 그 병이 쉽게 치유되는 병인 것처럼 다가왔던 모양입니다. 주님이 나병을 고치셨다는 성경의 기록을 접할 때마다 '예수님이라면 나병 정도는 쉽게 고치시나 보다'라고 생각했던 것입니다.

그러던 어느 날 예수님이 나병 환자를 고치신 마태복음 8장 1-4절 말씀이 마음속 깊숙이 들어왔습니다. 단 4절밖에 되지 않는 짧은 내용인데도, 예수님이 한 사람을 특별하게 만나고 계신다는 느낌을 지울 수 없었습니다. 그저 쓱 지나가는 이야기처럼 보일 수도 있지만, 그 속에서 예수님의 깊은 사랑을 발견할 수 있었습니다.

제 눈에 가장 먼저 들어온 말씀은 2절입니다. "한 나병 환자가 나아와 절하며 이르되"라는 말씀으로 시작됩니다. 이 말씀은 그저 일상적인 말씀 같지만, 사실은 일상적일 수 없는 말씀입니다. 앞서 언급했듯이, 나병 환자는 누구와도 함께 있어서는 안 되는 사람이기 때문입니다.

당시는 예수님이 막 산에서 내려오시는 중이었고, 많은 사람이 주님을 따르고 있었습니다. 여기저기서 군중이 몰려왔기에, 만약 그 사람이 나병 환자라는 사실을 알았다면 그를 쫓아냈을 것이 분명합니다. 그런데 이상하게도 그는 저지받지 않고 예수님 앞에 다가와 있었습니다. 어떻게 이런 장면이 가능합니까? 아마 나병 환자는 철저히 자신을 가렸을 것입니다. 자신의 비뚤어진 코가 보이지 않도록, 잘려진 손가락이 가려지도록 옷으로 감싸고 숨겼을 것입니다. 아무도 자신이 나병 환자인 것을 눈치 채지 못하도록 철저히 위장했을 것입니다.

이러한 정황은 4절에서 예수님이 "아무에게도 이르지 말고"

라고 하신 말씀에서 더 확실하게 살펴볼 수 있습니다. 사람들이 모두 지켜보고 있었다면 어떻게 그런 말씀을 하실 수 있었겠습니까? 그러므로 지금 이 나병 환자는 사람들을 속이고 군중 속에서 비밀스레 예수님을 만나고 있었던 것입니다.

아마 예수님은 그가 다가온 순간 알아차리셨을 것입니다. 그럼에도 주님은 그를 부정한 자로 취급하시지 않았습니다. 유대 종교 지도자들이라면 율법을 들이대며 "부정한 자가 왜 여기 왔느냐!"라고 엄포를 놓았을 테지만, 주님은 야단치시지 않았습니다.

그때 나병 환자가 예수님께 조심스럽게 이야기를 꺼냈습니다. "주여 원하시면 저를 깨끗하게 하실 수 있나이다"(마 8:2). 사실 이 말은 "주님께 제 운명이, 제 모든 가능성이 달려 있습니다"라는 매우 놀라운 신앙고백입니다. 아울러 "저를 깨끗하게 하실 수 있나이다"라는 말씀은 "주님의 능력에는 한이 없습니다. 주님은 능력의 주이십니다"라는 신앙고백입니다.

바로 그때 주님은 말로 대답하시지 않고 손을 내밀어 그에게 대셨습니다. 성경은 이 부분을 분명하게 증언합니다. 저는 이 장면이 정말 놀랍고 은혜로웠습니다. 나병 환자의 망가지고 볼품없는 얼굴, 썩어 가는 몸을 주님이 손을 대어 어루만져 주셨다는 뜻이기 때문입니다. 어쩌면 예수님이 손을 내미신 순간, 나병 환자는 속으로 외쳤을지도 모릅니다. '예수님, 안 돼요! 저에게 손을 대시면 예수님이 부정하게 되십니다.' 아니면 속으로 '혹시 예수님이 내가 나병 환자인 것을 모르시는 게 아닐까?'라고 생각했을지도 모릅니다.

그러나 예수님의 손은 이미 그에게 가 닿았습니다. 하지만 예수님의 완전하고 온전한 손은 어떠한 부정한 것이 닿아도 부정하게 되거나 훼손될 수 없었습니다. 예수님의 손은 그런 손입니다. 어떤 부정도 예수님의 손을 더럽힐 수 없습니다. 어떠한 죄악도 예수님의 손을 부정하게 만들 수 없습니다. 예수님의 손은 '능력의 손', 곧 '하나님의 손'이기 때문입니다.

만약 예수님이 손을 대신 사람이 나병 환자라는 사실을 군중이 알았다면 예수님을 멀리하려 했을 것입니다. 부정하게 되었다고 판단했을 테니 말입니다. 그러나 예수님은 사람들이 눈치채지 못하는 틈을 타 나병 환자의 몸에 손을 대셨습니다. 이 또한 놀라운 사건입니다. 예수님의 손이 그에게 닿은 순간 나병 환자의 마음이 어떠했겠습니까? 그동안의 모든 억울함과 고통이 눈 녹듯이 사라졌을 것입니다. 그간 어느 누구도 그에게 손을 내밀지 않았습니다. 그런데 하나님의 아들이신 예수님이 그에게 손을 내밀어 그의 몸을 어루만져 주셨습니다.

예수님은 고통에
공감하시는 분입니다

마태복음에 따르면, 예수님은 공생애를 시작하신 후 산에 오르셔서 하나님 나라의 비밀을 전하셨습니다. 우리가 잘 아는 산상수훈이 그 내용입니다. 산상수훈은 예수님이 나병 환자를 고치신 사건을 다루는 마태복음 8장 1-4절 바로 앞인 마태복음 5-7장에 걸쳐 기록되어 있습니다. 예수님은 산 위에서 팔복을 비롯해 주기도문 등 다양한 천국 복음을 설파하셨습니다. 마치 모세가 시내산에서 하나님의 말씀을 받았던 것처럼, 주님은 산 위에서 모든 백성을 향해 하나님 나라의 비밀을 가르쳐 주셨습니다.

강화가 끝난 후 예수님이 산에서 내려오시는 장면이 마태복음 8장 1절에 나옵니다. 이후 8-9장에 걸쳐 주님은 10가지 기적을 몸소 행하셨습니다. 그 첫 번째 기적이 '나병 환자 치유 사건'입니다. 그러므로 이 사건은 결정적인 사건이 아닐 수 없습니다. 마태복음에서 예수님이 공생애를 시작하신 뒤 처음으로 사람에게 손을 내미신 사건입니다. 세상에서 가장 부정하다고 평가되는 나병 환자에게 예수님의 첫 번째 손이 가 닿은 것입니다. 이 얼마나 극적이고 놀라운 장면입니까?

저는 이 장면이 이렇게 보입니다. 태초에 한 손이 있었습니다.

흙을 가지고 아담을 빚던 손, 바로 하나님의 손입니다. 하나님이 그 손으로 사람을 만드실 때 아들이신 예수님도 함께 계셨습니다. 예수님이 하나님과 함께 인간을 빚어 만들어 내신 것입니다. 그리고 오랜 시간이 흘렀습니다.

인간의 몸을 입고 오신 예수님이 공생애를 시작하신 시점에 하나님 나라의 복음을 전하시고 산에서 내려오셨습니다. 그리고 처음으로 한 사람을 만나셨습니다. 그는 다름 아닌 나병 환자였습니다. 얼굴은 뭉개지고, 손가락은 달아나고, 모든 것이 망가진 사람이었습니다. 하나님이 창조하신 그 사람이 아니었습니다. 망가진 사람, 사람이라고 하기 어려운 사람, 사람으로 여겨질 수 없는 사람, 그만큼 변하고 변질되어 버린 사람이었습니다. 아담과 하와가 부끄러워 숨었듯이, 자신의 몸을 칭칭 감아 피부라고는 하나도 보이지 않는 사람, 다른 사람들이 알아차리지 못하도록 비밀스럽게 군중 속에 숨어 예수님을 찾아온 사람이었습니다.

마치 미켈란젤로의 "천지창조"에 나오는 아담과 하나님의 손닿음처럼 예수님은 손을 펴서 나병 환자에게 대셨습니다. 이것이 바로 예수님의 첫 번째 손 대심입니다. 아마 예수님은 속으로 이렇게 말씀하셨을 것 같습니다. '내가 너를 아름답게 창조했는데, 네가 이렇게 변했구나. 이제 내가 창조의 손으로 다시 너를 만져 주겠다. 내가 다시 너를 새롭게 하겠다.'

나병 환자에게 이보다 더 큰 은혜가 어디 있겠습니까? 어느 나병 환자가 주님이 자기 몸에 손을 대며 고쳐 주시는 은혜를 기대할 수 있겠습니까? 열왕기하 5장을 보면, 나병을 앓고 있던 군대장관 나아만도 엘리사가 자기 몸에 손을 얹어 줄 것을 기대하지는 못했습니다. 이 사건에 대해 성경은 다음과 같이 증언합니다. "나아만이 노하여 물러가며 이르되 내 생각에는 그가 내게로 나와 서서 그의 하나님 여호와의 이름을 부르고 그의 손을 그 부위 위에 흔들어 나병을 고칠까 하였도다"(왕하 5:11). 나아만은 엘리사가 다만 그의 손을 병든 곳 위에서 흔들어 고쳐 주지 않을까 기대했을 뿐입니다.

그러나 엘리사는 나아만을 만나 주지도 않았습니다. 강에 가서 일곱 번 몸을 씻으라고만 명했을 뿐입니다. 엘리사는 손을 대지 않고 나아만의 병을 고쳐 주었습니다. 이처럼 엘리사가 손을 대지 않고 나병을 고쳤다면, 하물며 예수님이시겠습니까? 예수님이 능력이 없어서 손을 내미셨겠습니까? 아닙니다. 하지만 우리 예수님은 나병 환자에게 손을 내미셨습니다. 말로 간단히 치유하시지 않고 그를 어루만져 주셨습니다.

왜 그러셨습니까? 사람들을 속이면서 초조하고 불안한 마음으로 예수님 앞에 나온 나병 환자를 완전히 받아 주고 싶으셨던 것입니다.

추한 모습,
주님께 다 고백합시다

예수님은 나병 환자에게 "내가 원하노니"(마 8:3상)라고 말씀하셨습니다. 이것은 그야말로 은혜입니다. 주님이 우리에게 원하시는 것이 있다는 뜻입니다. 주님이 우리를 보면서 바라시는 것이 무엇일까요? 주님은 덧붙여 말씀하셨습니다. "깨끗함을 받으라"(마 8:3중). 우리 주님이 원하시는 것은 우리가 깨끗하게 되는 것입니다. 본래 모습으로 돌아가는 것, 창조의 온전한 상태로 회복되는 것입니다.

주님은 깨끗하게 할 수 있는 능력과 권위를 지니신 분입니다. 그 예수님이 "깨끗함을 받으라"라고 말씀하셨습니다. 어느 누가 감히 이런 명령을 할 수 있겠습니까? 그리고 이 말씀이 그대로 이루어지게 할 수 있는 능력을 가지신 분이 누구이겠습니까? 오직 우리 주님뿐이십니다.

성경은 예수님이 말씀하시자 그 즉시 나병이 나았다고 증언합니다. 이는 새로운 살이 나고, 코가 돌아오고, 손과 발, 몸이 원래대로 되었음을 의미합니다. 만약 즉시 나병이 낫지 않았다면 이내 사람들에게 들키고 말았을 것입니다. 예수님이 즉시 그의 병을 낫게 하셔서 아무도 알아채지 못하도록 배려하신 것입니다. 그러시고는 "삼가 아무에게도 이르지 말고 다만 가서 제사장에게 네 몸을 보이고 모세가 명한 예물을 드려 그들에게 입증하라"(마 8:4)라고 말씀하셨습니다.

예수님은 나병 환자를 완전하게 치료해 주셨습니다. 제사장에게 몸을 보이고 모세가 명한 예물을 드려 회복을 입증하고, 완전한 시민이자 사회인으로, 나아가 완전한 인간으로 살 수 있도록 배려해 주셨다는 말입니다.

마태복음은 이처럼 주님과 나병 환자의 비밀스런 만남을 매우 투박하게 알려 줍니다. 반면 마가복음과 누가복음은 조금 다르게, 나병 환자가 다른 사람들에게 알려서 모든 사람이 알게 되었다는 사실을 증언합니다. 하지만 마태복음은 이런 사실에 대해 침묵합니다. 예수님이 나병 환자를 비밀스럽게 만나 주셨던 장면을 그대로 남겨 두고자 했습니다.

이 말씀이 어떻게 들립니까? 또 어떻게 보입니까? 물론 우리는 나병에 걸리지도 않았고, 사람들과 격리될 만한 심각한 상태도 아닐 것입니다. 그러나 다시 한 번 깊이 생각해 보십시오. 예수님 앞에 있는 우리는 과연 어떤 존재입니까?

나병 환자는 하나님이 창조해 주신 아름다운 몸이 사라지고 얼굴은 부스러지며 미소도 사라지고 손가락도 잘려 나간 사람, 참으로 보기에도 역겨운 사람입니다. 혹시 우리가 그런 나병 환자 같은 사람은 아닙니까? 하나님이 창조하신 태초의 모습을 잃어버리고 시간이 지날수록 탐욕과 죄악으로 가득 차 이웃을 괴

롭히는 사람, 그래서 얼굴은 항상 성이 나 있고 몸은 상처투성이 며 보기에도 역겨운 얼굴을 가진 사람. 언제부터인가 우리가 이렇게 보기 싫게 변해 버린 것은 아닙니까?

예수께 나온 나병 환자는 사람들에게 보이고 싶지 않은 부분이 너무 많아 몸을 꽁꽁 싸매고 또 싸맨 사람입니다. 아무것도 보이고 싶지 않았던 사람, 옷을 벗으면 치부가 드러나 너무나 부끄럽고 창피한 사람입니다. 그러니 아무에게도 마음을 열고 싶지 않았습니다. 아무것도 보여 주고 싶지 않아 예수님 앞에서조차 옷을 벗지 않았습니다. 그런데 그러한 모습이 혹시 우리의 모습은 아닙니까?

나병 환자는 시간이 지날수록 모든 감각이 무뎌지고 결국 사라지고 마는 사람입니다. 뜨거운 불에 몸이 닿아도 고통을 느낄수 없으며, 몸이 썩어 들어가는데도 알지 못합니다. 죽어 가고 있으나 고통을 느끼지 못합니다. 이 모습이 마치 영적 감각을 잃어버리고, 도덕적 감각마저 사라지고, 삶의 방향성도 잃어버린 채 무감각하게 살아가고 있는 우리의 모습은 아닙니까?

그런데 주님은 우리의 몸을 만져 주십니다. 우리의 더러운 곳에 손을 대십니다. 아무도 눈치채지 못하게 다가오셔서 우리에게 손을 대십니다. 그리고 말씀하십니다. "내가 원하노니 깨끗함을 받으라."

이 말씀을 통해 한 사람, 한 사람에게 집중해 주시는 우리 주님을 만나면 좋겠습니다. 비밀스럽게 숨겨 놓은 내 추한 모습을 보시면서 그 위에 손을 얹으시는 주님의 놀라운 은혜를 모두가 경험할 수 있기를 바랍니다. 주님은 우리의 사정을 잘 아시는 분입니다. 그러므로 바로 지금 우리가 말씀 앞에 선 자리가 나병 환자가 경험했던 은혜의 자리가 되기를 소망합니다.

먼저 우리의 추한 모습을 생각합시다. 그리고 조용히 주님 앞으로 나아가 간구합시다. "주님, 주님이 원하시면 깨끗하게 하실 수 있습니다." 그러면 주님이 대답하실 것입니다. 아니, 그보다 먼저 우리의 몸에 손을 대고 안수해 주실 것입니다. 그러시고는 "내가 원하노니 깨끗함을 받으라"라고 말씀하실 것입니다. 이 놀라운 주님의 은총이 우리에게 임하기를 간절히 바랍니다.

거룩하신 하나님,

어느 누가 존귀하신 하나님의 얼굴을 뵈올 수 있으며

그 영광의 빛을 누릴 수 있겠습니까.

우리는 결국 흙으로 돌아갈 존재요,

죄악으로 주님을 멀리 떠난 사람들이니

주님 앞에 설 자격이 없습니다.

우리의 손으로 만들어 내는 일이

창조적이고 생명을 만드는 일이 되지 못하고,

망가뜨리며 죽이는 일이 되곤 하니

우리의 영혼이 슬픔에 젖어 주님의 이름을 부릅니다.

우리의 모자람과 죄성과 잘못된 삶의 흔적들을

주님의 보혈로 지워 주시고 새롭게 해 주시옵소서.

우리를 모태에서 조성하시고 우리를 부르신 하나님,

우리가 어떻게 주님의 형상을 잃어버리고

죄 가운데서 방황하게 되었는지도 잘 아시는 주님,

주님의 눈길을 우리에게 돌려 주시고

참으로 비참한 우리에게 손을 내밀어 주시기 원합니다.

우리의 영혼이 나음을 얻게 하시고

우리의 심장이 주님이 주시는 새로운 생명으로 뛰게 하옵소서.

2부

절망의

무덤에서

불완전한 내 자리

5장
___

"마리아야, 나오라"

: 마리아의 원망
___

이 말을 하고 돌아가서
가만히 그 자매 마리아를 불러 말하되
선생님이 오셔서 너를 부르신다 하니

요 11:17-30

누구나 신앙생활을 하며
주님께 실망할 때가 있습니다

요한복음 11장에는 예수님이 죽은 나사로를 살리신 사건이
실려 있습니다. 여기에는 예수님과 더불어 마리아, 마르다, 나사
로, 그리고 군중이 등장합니다. 예수님이 이미 죽은 나사로의 무
덤을 찾아가 무덤의 돌문을 옮겨 놓게 하시고, "나사로야 나오
라"(요 11:43)라고 말씀하신 장면은 이 사건의 하이라이트라고 할
수 있습니다.

이 말씀에는 여러 이야기가 들어 있습니다. 그중 흥미로운 장
면은 바로 예수님과 마리아, 그리고 마르다 사이에서 있었던 사
건입니다. 예수님과 둘 사이에 긴장감이 감돌았고 감정이 섞인
대화가 오고 갔습니다.

사실 요한복음 11장 1절은 나사로에 대한 이야기로 시작됩니

다. 베다니에 한 병자가 있는데, 마리아와 마르다의 오라비인 나사로였습니다. 나사로는 예수님이 무척 아끼고 사랑하시는 사람이었습니다. 물론 마리아와 마르다도 예수님이 아끼시던 자매였습니다. 그래서 나사로가 병들어 앓고 있을 때 마리아와 마르다는 예수님께 사람을 보내 속히 와 달라고 요청을 드렸습니다. 아마 그들은 예수님이 곧장 달려오시리라고 기대했을 것입니다.

그러나 예수님은 나사로가 위중한 상태라는 소식을 들으시고도 움직이시지 않았습니다. "이 병은 죽을병이 아니라"(요 11:4)라는 말씀만 하시고는 도리어 이틀을 더 유하셨습니다. 주님은 나사로가 있는 곳으로 발을 떼시지 않았습니다. "나사로가 병들었다 함을 들으시고 그 계시던 곳에 이틀을 더 유하시고 그 후에 제자들에게 이르시되 유대로 다시 가자 하시니"(요 11:6-7). 그리고 이틀이 지나고서야 "유대로 다시 가자" 하시며 움직이셨다고 성경은 증언합니다. 그것도 베다니가 아니라 유대로 가자고 말씀하셨습니다.

이러한 흐름을 보면, 예수님은 마치 나사로가 죽을 때까지 시간을 흘려보내신 것 같습니다. 우리는 예수님에게서 도무지 이해할 수 없는 모습을 보게 됩니다.

그러고 나서 예수님이 베다니에 도착하신 때는 이미 나사로가 죽은 지 나흘이 지난 후였습니다. 베다니에서 예루살렘까지

거리가 대략 2-3km 남짓밖에 되지 않았으니 예수님은 충분히 빠른 시간 내에 당도하실 수 있었습니다. 그럼에도 불구하고 예수님은 시간을 늦추어 베다니에 도착하셨습니다.

아마 예수님은 멀리멀리 돌아서 베다니에 도착하신 것 같습니다. 왜 예수님은 이토록 늦장을 부리셨을까요? 만약 예수님이 곧장 베다니로 달려오셨다면 아마 나사로는 마리아와 마르다의 기대처럼 죽지 않았을 것입니다. 그러나 예수님은 웬일인지 그 기대를 이루어 주시지 않았습니다.

예수님이 마을로 들어오실 때 마르다는 예수님이 오고 계신다는 소식을 듣고 예수님을 맞이하기 위해 곧 마을 어귀로 나갔습니다. 그런데 이 장면을 묘사하는 구절에서 한 가지 흥미로운 표현이 등장합니다. "마리아는 집에 앉았더라"(요 11:20하). 마리아는 왜 예수님께 나아가지 않았을까요? 예수님이 오신다는 소식을 접하지 못했을까요? 그렇지는 않았을 것입니다. 그렇다면 이유가 무엇일까요?

우리는 그 단서를 예수님께 토로하는 마르다의 원망에서 찾을 수 있습니다. 마리아 역시 마르다와 같은 마음이었을 테니 말입니다. 마르다는 예수님께 나아와 "주께서 여기 계셨더라면 내 오라버니가 죽지 아니하였겠나이다"(요 11:21)라고 말했습니다. 예수님께 실망해 원망 섞인 푸념을 쏟아낸 것입니다.

'주께서 여기 계셨더라면'이라는 말에는 두 가지 의미가 있습니다. 먼저, '주님은 왜 우리가 그리도 간절히 원하던 시간에 함께하시지 않았습니까?'라는 의미입니다. 또한 '주님은 왜 우리가 그토록 간절히 원하고 찾던 장소에 없으셨습니까?'라는 한탄입니다. 마르다는 주님께 마음이 상했습니다. 안타까움과 섭섭함이 묻어나는 표현입니다. 그렇게 애타게 찾았는데, 그토록 간절히 기다렸는데, 얼마든지 빨리 오실 수도 있었는데 왜 이제야 오셨냐는 하소연입니다.

어떤 교회에서 있었던 일입니다. 한 성도가 백혈병에 걸렸습니다. 작은 교회였기 때문에 온통 그분의 소식으로 교인들 사이에 비상이 걸렸습니다. 그분의 믿음을 성장시키시려는 하나님의 뜻이라며, 모든 교인이 한마음이 되어 기도했습니다. 목사님도 함께 기도하자고 교인들을 기도의 자리에 초청했습니다. 기도 체인을 만들어 매일, 하루도 빠짐없이 온 교인이 기도에 동참했습니다. 급기야 철야기도까지 하며 환우를 위해 한마음 한뜻으로 기도했습니다.

목사님의 열정적인 기도가 교인들에게 감동이 되었고, 병에 걸린 성도도 더 깊은 신앙으로 나아가기 시작했습니다. 주위에 믿지 않던 사람들도 그 성도가 나으면 자신도 하나님을 믿겠노라며 교회 주위를 서성거렸습니다.

성도들은 주님이 그를 고쳐 주실 것 같다고 확신했습니다. 마침 병세도 호전되기 시작했습니다. 교인들은 환호했습니다. 조금만 더 있으면 하나님이 완치해 주시리라는 마음으로 기쁘게 기다렸습니다. 그런데 모든 일이 순조로웠던 어느 날, 갑자기 상황이 달라졌습니다. 그 성도의 몸에 이상 반응이 나타나기 시작하더니 결국 무균실에 들어가 며칠을 연명하던 중 그만 세상을 떠나고 말았습니다.

형제를 잃은 후 교회는 온통 시험에 들고 말았습니다. 목사님의 영적인 권위도 떨어졌습니다. 사람들도 "만약 하나님이 그 성도를 살려 주셨다면 아마 10명도 넘는 사람들이 예수님을 믿게 되었을 것이다" 하며 안타까워했습니다. 온 교인이 실망했습니다. '하나님이 만약 그 성도를 살려 주셨다면 교회도 부흥하고, 많은 사람이 구원을 얻고, 믿음도 성장하고, 교회가 하나 되었을 텐데…. 모든 일이 다 좋아 보였는데, 왜 하필 이때 그를 데려가셨을까?' 많은 교인이 의문을 품으며 하나님의 뜻을 찾고자 애썼습니다.

이후 목사님이 교인들에게 "기도합시다" 하면 몇몇은 이렇게 말하곤 했습니다. "저는 기도에 효과가 있는지 모르겠어요. 더 이상 기도하지 않습니다. 그 성도가 돌아가신 다음부터 저는 기도를 끊었습니다." 실제로 예수님을 믿던 이들 중 그 사건 이후 교회를 떠난 사람들도 있었습니다. 너무나 안타까운 일이었습니다.

왜 예수님은 그때 능력을 베풀어 주시지 않았을까요? 그때 한 번만 능력을 베푸셨더라면 엄청난 일이 일어날 수 있었습니다. 모든 일이 잘되어 가고 있었습니다. 그런데 주님은 움직이시지 않았습니다.

신앙생활을 하다가 하나님께 단단히 삐친 사람들이 있습니다. 하나님께 도우심을 구했지만 응답받지 못하고 그저 방치하신 것만 같은 배신감에 괴로워하는 이들이 많습니다. 하나님을 사랑하고 믿었기에 실망감이 더 컸을 것입니다. 하나님이 이번만큼은 해결해 주실 줄 알았는데, 여기서는 적어도 하나님이 개입해 주실 줄 알았는데, 그래야 모든 일이 예상대로 맞아떨어지는데 아무런 응답도 해 주시지 않은 주님 때문에 좌절감에 빠진 분들이 많습니다.

어느 젊은 부부가 아이를 낳고 행복한 시간을 보내고 있었습니다. 아이가 한두 살쯤 되었을 때 아빠가 퇴근하는 모습을 아파트 난간에서 지켜보고 있었습니다. 아이는 아빠가 너무 반가워 아빠를 만나겠다는 마음으로 그만 난간을 넘어가 버리고 말았습니다. 부모는 혼수상태에 빠진 아이를 붙잡고 눈물로 기도했습니다. 며칠 동안 간절히 하나님을 찾았습니다. 그러나 기도는 응답되지 않았습니다. 하나님이 아이를 데리고 가셨습니다.

부부는 그날 이후 주님을 찾지 않았습니다. 하나님에 대한 원망과 적대감이 마음 가득 차 버렸습니다. 하나님을 믿지 않겠다며 교회를 떠났습니다. '만약 하나님이 계셨다면 이리 되지는 않았겠지요! 그러니 저는 하나님이 없다고 생각합니다.' 이런 마음이 그 속에 가득했습니다. "주께서 여기 계셨더라면 내 오라버니가 죽지 아니하였겠나이다"라고 외친 마르다와 마리아의 고통스러운 절규처럼 말입니다.

마르다는 실망했지만,
그래도 오직 주님만 바라보았습니다

요한복음 11장 39절 하반 절을 보면, 마르다와 마리아가 왜 그토록 고통스러워했는지 그 이유를 알 것 같습니다. "그 죽은 자의 누이 마르다가 이르되 주여 죽은 지가 나흘이 되었으매 벌써 냄새가 나나이다."

마르다가 그토록 기도한 문제는 이미 끝났습니다. 모두 종결되었습니다. 거기서 냄새까지 났습니다. 더는 희망이 보이지 않았습니다. 마르다는 "이제 예수님이 오신다 한들 무슨 희망이 있겠습니까? 왜 정작 내가 주님이 필요할 때는 가만히 계신 것입니까? 왜 다른 곳에 머물다 이제야 오신 것입니까? 결정적인 순간에 나를 돌아보시지 않은 주님을 어떻게 믿을 수 있겠습니까?"라고 말한 것입니다.

그런데 이처럼 절망적인 순간에 마르다와 마리아의 반응이 조금은 다르게 나타납니다. 똑같이 '주께서 여기 계셨더라면'이라는 절망감은 있었지만, 그 태도는 사뭇 달랐습니다.

마르다는 예수님이 오신다는 이야기를 듣고서 마치 신앙의 모범생과 같은 모습으로 예수님께 나아갔습니다. 그리고 예수님께 희망을 두며 자신의 신앙을 고백했습니다. "그러나 나는 이제라도 주께서 무엇이든지 하나님께 구하시는 것을 하나님이 주실 줄을 아나이다"(요 11:22).

마르다는 예수님이 여전히 무언가를 하실 수 있을 것이라는 믿음을 가지고 있었습니다. 물론 나사로를 그 자리에서 살려 내실 것이라는 무모한 기대는 하지 않았습니다. 다만 예수님께 여전히 희망이 있다는 기대만큼은 거두지 않았습니다.

그런데 이때 예수님은 마르다에게 뜻밖의 말씀을 하셨습니다. "네 오라비가 다시 살아나리라"(요 11:23). 그때 마르다는 나름의 신학적 지식을 갖고서 "마지막 날 부활 때에는 다시 살아날 줄을 내가 아나이다"(요 11:24)라고 답했습니다. 마르다는 예수님이 그 자리에서 나사로를 살려 내실 것이라고는 기대하지 못하고, 마지막 날이 이를 때 부활이 일어날 것이라고 대답했던 것입니다.

하지만 주님은 마르다에게 이렇게 답하셨습니다. "나는 부활이요 생명이니 나를 믿는 자는 죽어도 살겠고 무릇 살아서 나를 믿는 자는 영원히 죽지 아니하리니 이것을 네가 믿느냐"(요 11:25-26).

다시 말해, 예수님은 "나는 부활이고 생명이다. 죽은 자도 살리는 생명이다"라고 자신이 생명의 근원임을 말씀하신 것입니다.

그러자 마르다는 주님께 이렇게 고백했습니다. "주여 그러하외다 주는 그리스도시요 세상에 오시는 하나님의 아들이신 줄 내가 믿나이다"(요 11:27). 공관복음서에서는 베드로의 고백으로 나타난 이 고백이, 요한복음에서는 마르다의 고백으로 소개되었습니다.

나아가 마르다는 예수님께 나사로를 살려 달라고, 살려 내라고 요청하지도 않았습니다. 도리어 예수님께만 집중했습니다. 무엇을 해 주시느냐, 해 주시지 않느냐에 연연하지도 않았습니다. 오직 주님만을 바라보았으며, 주님이 누구이신가에만 집중했습니다. 마르다는 상황이나 예수님의 특별한 사역에 비중을 두지 않았습니다. "주님은 그리스도시요 하나님의 아들이십니다. 저는 그것만을 바라봅니다"라고 고백했을 뿐입니다.

마르다는 예수님께 실망했지만, 그래도 예수님께 나아와 신앙을 고백했습니다. 여전히 신앙을 가지고 있었고, 신앙의 모범생과 같은 모습을 보여 주었습니다.

그러나 또 한 사람이 있습니다. 그녀는 신앙의 열등생인지도 모릅니다. 바로 마리아입니다. 적어도 이 사건과 관련해서는, 마리아는 분명 열등한 신앙의 자리에 서 있습니다. 마리아는 마르다와 달랐습니다. 이 시련 앞에서 어쩔 줄 몰라 했습니다. 예수님이 오신다는 소식을 듣고서도 나가지 않고 집 안에 그저 주저 앉아 있었습니다.

나사로는 무덤이라는 좁은 공간에 죽은 채로 갇혀 있었으나, 오라비를 잃은 마리아는 또 다른 공간, 즉 집 안이라는 작은 공간에 갇혀 있었습니다. 어쩌면 예수님에 대한 깊은 원망과 실망 감에 갇혀 있었는지도 모릅니다. 마치 마리아는 이렇게 자신의 감정을 표출하고 있는 것만 같습니다. '예수님! 저는 예수님이 싫어요. 왜 제 오라비를 죽도록 방치하셨어요? 저는 집 안에서 나가지 않을 거예요. 예수님도 싫고, 아무도 보고 싶지 않아요.'

주님은 실망한 우리의 이름을
다정하게 부르십니다

이때 마르다가 마리아에게 돌아왔습니다. 예수님을 만난 마르다는 가만히 마리아를 불러서 "선생님이 오셔서 너를 부르신 다"(요 11:28)라고 말했습니다. 그동안 마리아는 실망감 때문에 예수님을 찾지 않았습니다. 마치 예수님을 믿지 않겠다고 떠나간 사람처럼 예수님을 외면했습니다. 그런데 이 말씀은 예수님이 마리아를 찾으셨다고 증언합니다.

마리아를 부르고 계시는 예수님이 보입니까? 마리아를 어떻게 부르고 계십니까? 예수님이 실망하고 절망한 마리아, 그래서 더는 예수님을 찾지 않는 마리아, 집 안에 갇혀 있는 그 마리아를 향해 서 계십니다. 우리는 예수님의 눈빛에서 이러한 음성을 읽을 수 있습니다. "마리아야, 나오라. 그 절망의 방에서 나오라. 불신의 방에서 나오라. 실망의 방에서 나오라. 마리아야, 나오너라." 마르다의 말을 전해 들은 마리아는 그제야 급히 예수님께 나아갔습니다.

그런데 참 흥미로운 표현이 요한복음 11장 30절에 등장합니다. "예수는 아직 마을로 들어오지 아니하시고 마르다가 맞이했던 곳에 그대로 계시더라." 마리아가 마을 어귀로 나올 때까지 예수님은 그곳에서 움직이시지 않았습니다. 조금 더 다가가시면 마리아를 더 빨리 만나셨을 텐데 주님은 그 자리에 계셨습니다. 마리아를 부르신 후에는 한 발자국도 나아가시지 않았다는 뜻입니다.

저는 이 모습이 예수님이 돌무덤 앞에 서서 "나사로야 나오라"(요 11:43) 하고 말씀하신 후 나사로가 나올 때까지 기다리신 모습과 연관되어 생각됩니다. 예수님이 죽은 나사로를 향해 "나오라" 하고 명령하신 다음 그를 기다리셨던 것처럼, 지금 예수님은 마리아를 향해 "마리아야, 나오라" 하고 명령하신 뒤 그녀가 당신 앞에 나올 때까지 기다리고 계시는 것입니다.

왜 예수님은 마리아를 부르셨을까요? 예수님은 죽은 오라비로 인해 상처받은 마리아가 스스로 만든 '실망 무덤'에서 나오기를 원하셨습니다. 절망의 자리, 낙망의 자리, 고립의 자리에서 벗어나기를 원하셨습니다.

예수님께 나온 마리아는 예수님의 발 앞에 엎드려 마르다와 똑같은 안타까움과 원망을 쏟아냈습니다. "주께서 여기 계셨더라면 내 오라버니가 죽지 아니하였겠나이다"(요 11:32). 마리아는 마르다와 똑같이 주님을 원망했습니다. 그러나 마르다처럼 성숙한 신앙의 단계로 나아가지는 못했습니다. '주께서 여기 계셨더라면'이라는 원망과 안타까움이 마리아의 마음을 짓눌렀던 까닭입니다.

그러나 예수님은 자신을 영접하러 나온 마리아를 맞아 주시며, 울고 있는 그녀를 위로하셨습니다. 그녀를 나무라시거나 믿음이 적다고 지적하시지도 않았습니다. 마리아의 믿음을 시험하시지도 않았고, 도리어 그녀와 함께 눈물을 흘리셨습니다. "예수께서 눈물을 흘리시더라"(요 11:35).

마리아는 마르다처럼 신앙고백을 하는 수준까지 나아가지는 못했습니다. 그저 슬퍼하며 주님을 원망하는 단계에 머물렀습니다. 그래서 주님을 찾지 못했습니다. 그런데 눈물을 흘리며 하염없이 슬퍼하는 마리아를 주님이 보듬으셨습니다. 예수님은 마리아와 함께 우시며 그녀의 마음을 알아주셨습니다.

그때 사람들의 웅성거림이 들렸습니다. "그중 어떤 이는 말하되 맹인의 눈을 뜨게 한 이 사람이 그 사람은 죽지 않게 할 수 없었더냐 하더라"(요 11:37). 우리는 살아가면서 이와 같은 세상 사람들의 비아냥거림을 들을 때가 얼마나 많습니까? 오늘도 조롱하는 소리를 들으며 마음 아픈 사람들이 얼마나 많은지요! "주님이 그때 계셨더라면. 주님이 내 기도를 들어주셨더라면"이라고 말하며 아파하는 마음으로 주님 앞에 선 사람들이 얼마나 많습니까.

어머니 배 속에 있던 아기가 어느 날 갑자기 심장이 멎었습니다. 죽은 아이를 몸 밖으로 꺼낼 수밖에 없던 어머니, 너무 일찍 떠나 버린 딸로 인해 지금까지 슬퍼하며 고통받는 어머니가 있습니다. 아들이 첫 출근한 날, 설레는 마음을 안고 아들이 돌아오기만을 기쁘게 기다렸는데 바로 그날 사고를 당해 주검으로 돌아온 아들을 붙잡고 울고 또 운 어머니가 있습니다. 그 어머니는 아들이 이미 세상에 없지만 마음속에서 아들을 떠나보낼 수가 없습니다. 그리고 그 어머니와 아버지는 방 안에 갇혀 나올 수가 없습니다. 원망의 방, 절망의 방에서 나오기가 힘듭니다. 그러나 주님은 부르십니다. "나오너라."

요한계시록 8장을 보면, 일곱째 인이 떼어질 때 성도들의 기도가 하늘로 올라가는 장면이 묘사되어 있습니다. 정체되었던 기도, 하나님의 응답을 받지 못했던 기도가 하나님께 올라갈 때 우레와 음성과 번개와 지진이 났다고 성경은 증언합니다. 하나님께 올라가지 못한 음성이 얼마나 많았으면 우레와 지진과 같았겠습니까? 이것이 바로 우리가 경험하는 삶의 자리입니다.

그러나 주님은 그 앞에서 이렇게 말씀하십니다. "나는 부활이요 생명이니 나를 믿는 자는 죽어도 살겠고 무릇 살아서 나를 믿는 자는 영원히 죽지 아니하리니 이것을 네가 믿느냐"(요 11:25-26). 주님이 우리를 살펴 주십니다. 주님이 우리를 구원하십니다. 우리의 모든 문제를 주님이 해결하십니다.

혹시 하나님께 삐쳐 있지는 않습니까? 주님에 대한 실망, 좌절, 원망으로 그분을 외면하고 있지는 않습니까? 주님은 지금도 저 멀리 마을 어귀에서 우리를 부르고 계십니다.

혹시 자신이 만든 불신의 방에 갇혀 있는 분은 없습니까? 절망의 방에서 한 발자국도 나오려 하지 않는 분이 계십니까? 이제 그 방에서 나오기 바랍니다. 주님을 멀리하고 떠난 분이 있다면 다시 주님께 돌아오기를 바랍니다. 오늘도 주님은 나사로와 같이 죽은 자를 향해 부르시고, 마리아처럼 마음이 상한 자들을 향해서도 부르십니다. 주님의 초청에 겸허히 나아가는 우리가 되기를 간절히 바랍니다.

은혜로우신 하나님,

돌이켜 보면 이미 주님은 정말 많은 것을 선물로 주셨지만,

정작 우리는 아무것도 못 받은 것처럼

슬퍼하고 낙심하며 살아갈 때가 많았습니다.

이기적인 생각과 거짓된 마음,

자기중심적인 태도에서 벗어나기를 원합니다.

하나님의 자녀답게 바른 길을 걷게 해 주시옵소서.

하나님께 불평하는 마음으로 살지 않게 하시고

우리의 뜻대로 되지 않는다고

낙담하거나 원망하지 않게 해 주시기를 원합니다.

우리의 기대를 넘어 넘치도록 일하시는 하나님을

우리의 작은 소원 안에 가두지 않게 해 주시옵소서.

나만 의롭고 바르다는 교만의 늪에

빠지지 않게 해 주시기를 원합니다.

또한 세상에 함몰되어 육신의 욕망에 갇혀 살지 않도록

주님, 우리를 구원해 주시옵소서.

6장

"믿기만 하라"

: 야이로의 절망

예수께서 그 하는 말을 곁에서 들으시고
회당장에게 이르시되
두려워하지 말고 믿기만 하라 하시고

막 5:21~24, 35~43

너무 느리게 움직이시는 예수님,
그분을 믿어도 될까요?

미국에서 목회할 때 보스턴의 한 병원에서 자원봉사를 한 적
이 있습니다. 어린이 전문 병원이었는데, 한 주에 한 번 방문해
채플실에서 기도 요청서를 읽고 함께 기도하는 것이 저의 사역
이었습니다.

당시 기도 요청서에 적힌 기도문을 읽을 때마다 얼마나 마음
이 아팠는지 모릅니다. 어떤 기도문을 읽을 때면 '이 아이는 지
금쯤 하나님 나라에 있겠구나' 하는 마음이 들기도 했습니다. 또
어떤 기도문에는 "하나님, 하루만 우리 아이와 더 살게 해 주세
요"라는 내용이 적혀 있기도 했습니다. "아이 대신 제가 죽을 테
니, 아이만은 살려 주세요"라는 내용도 여러 번 보았습니다. 수
북하게 쌓인 사연을 접할 때마다 '아, 세상에 이렇게 많은 부모

가 아이를 위해 아파하고 있구나' 하는 생각을 했습니다. 그때마다 제 마음도 먹먹해졌고, 간절히 기도했던 기억이 납니다.

야이로의 마음도 이와 같았을 것입니다. 아버지로서 열두 살 난 어린아이가 죽어 가는 모습을 지켜보는 심정이 어떠했겠습니까? 더는 희망이 없는 것 같은 딸아이를 보면서도 그는 이렇게 말했을 것입니다. "염려하지 마. 아빠가 꼭 너를 고쳐 줄게. 조금만 기다려." 야이로는 아마 이런 말을 하고 밖으로 나섰을 것입니다.

그때 '예수'란 이름이 들렸습니다. '언젠가 이 마을에 다녀가셨다는 분, 그 예수님을 찾아가 내 딸을 고쳐 달라고 하면 어떨까?' 이런 생각으로 열정적으로 주님을 찾았는데, 마을에서는 보이지 않았습니다. 예수님이 얼마 전까지는 근처에 계셨는데, 배를 타고 다른 지방으로 건너가셨다는 이야기가 들렸습니다.

어떻게 할지 기다리며 고민하고 있는데 마침 배가 들어왔고 사람들이 "예수님이 오신다!" 하고 외치는 소리가 들렸습니다. 어느덧 바닷가에 사람들이 몰려들기 시작했습니다. 야이로도 그곳을 향해 달려갔습니다. 예수님이 배에서 내리셨을 때는 이미 수많은 사람이 에워쌌습니다. 야이로도 그분을 향해 나섰습니다. "조금 비켜 주세요. 제발 비켜 주세요. 제 딸이 아프단 말이에요!" 하며 사람들을 밀쳐 가며 예수께로 향했을 것입니다. 야이로는 회당장이라는 직책도 잊었습니다. '그래도 내가 회당장인데 예수께 가서 딸을 고쳐 달라고 하는 게 얼마나 창피한가…. 하지만 내 아이만 살 수 있다면 무슨 일이든 못할까!' 아마 이런 생각을 하며 예수께 나아갔을 것입니다.

예수님 앞에 다다랐을 때 야이로는 예수님의 발 아래 엎드려 간곡히 요청했습니다. "내 어린 딸이 죽게 되었사오니 오셔서 그 위에 손을 얹으사 그로 구원을 받아 살게 하소서"(막 5:23). 그가 얼마나 간절했던지, 예수님은 아무 말 없이 그의 눈빛을 보시곤 함께 가기로 결정하셨습니다.

이제 야이로에게는 예수님이 딸을 고쳐 주실 것이라는 한 가닥의 희망이 생겼습니다. 다만 문제가 하나 있었습니다. 시간입니다. 이미 시간이 많이 지체되었기 때문입니다. 예수님이 집에 도착하시기 전까지 딸이 살아 있어야 하는데, 과연 얼마나 견딜 수 있을지 미지수였습니다. 마음이 불안해졌습니다. 이런 초조와 염려 속에서 야이로는 예수님을 모시고 급한 발걸음을 떼었습니다.

그런데 앞으로 나아가기가 쉽지 않았습니다. 마음은 급한데 사람들이 몰려들었습니다. 갈수록 많아지는 군중 때문에 이리저리 떠밀려 갈 정도였습니다. 야이로는 더욱 다급한 목소리로 "여러분! 제 딸이 죽어 갑니다. 빨리 가야 합니다. 좀 비켜 주세요. 비켜 달라니까요. 오, 하나님! 이 사람들을 좀 치워 주세요. 예수님, 조금만 더 빨리 가시죠!"라고 외치며 급하게 움직였을 것입니다. 마가복음 5장 24절이 바로 그 상황을 묘사합니다. "이에 그와 함께 가실새 큰 무리가 따라가며 에워싸 밀더라."

그런데 갑자기 예수님이 가던 걸음을 멈추셨습니다. 그러시고는 두리번거리면서 "누가 내 옷에 손을 대었느냐?"하고 물으셨습니다. 제자들은 "이렇게 사람이 많은데 무슨 말씀이십니까?"라고 물었지만, 예수님은 꼼짝도 하시지 않았습니다. 누군가를 기다리시는 듯 그 자리에서 움직이시지 않았습니다.

그 상황을 마가복음 5장 25-32절은 이렇게 설명합니다. "열두 해를 혈루증으로 앓아 온 한 여자가 있어 많은 의사에게 많은 괴로움을 받았고 가진 것도 다 허비하였으되 아무 효험이 없고 도리어 더 중하여졌던 차에 예수의 소문을 듣고 무리 가운데 끼어 뒤로 와서 그의 옷에 손을 대니 이는 내가 그의 옷에만 손을 대어도 구원을 받으리라 생각함일러라 이에 그의 혈루 근원이 곧 마르매 병이 나은 줄을 몸에 깨달으니라 예수께서 그 능력이 자기에게서 나간 줄을 곧 스스로 아시고 무리 가운데서 돌이켜 말씀하시되 누가 내 옷에 손을 대었느냐 하시니 제자들이 여짜오되 무리가 에워싸 미는 것을 보시며 누가 내게 손을 대었느냐 물으시나이까 하되 예수께서 이 일 행한 여자를 보려고 둘러보시니."

이러한 상황에서 야이로가 얼마나 황당했겠습니까? 또 얼마나 답답하고 안절부절못했을까요? 아마도 예수님의 발걸음을 재촉했을 것입니다.

그런데 그때 한 여인이 예수님 앞에 나오더니 자신이 예수님의 옷에 손을 대었다고 말했습니다. 이후 장황하게 자신의 이야기를 시작했습니다. 예수님은 여인에게 "딸아 네 믿음이 너를 구원하였으니 평안히 가라"(막 5:34)라고 말씀하셨습니다.

이 내용만 보면 굉장히 멋진 흐름이라고 할 수 있습니다. 하지만 그곳에 선 한 사람, 야이로의 마음은 달랐습니다. 시간이 계속 지체되었기 때문입니다.

야이로의 마음은 급해졌습니다. 왜 하필 중간에 여인이 나타나 자신의 길을 가로막는지 답답했습니다. 예수님이 조금만 더 서둘러 주시면 좋겠는데, 그 자리에서 계속 말씀을 하고 계셨습니다. 그러니 지금 야이로에게 예수님은 어떤 분이실까요? 너무 느리게 움직이시는 예수님, 너무 느리셔서 내가 원하는 것을 이루어 주실 수 없을 것만 같은 예수님입니다. 심지어 '혹시 내 딸을 살려 낼 자신이 없어서 시간을 벌고 계시는 것은 아닐까?' 하는 의구심마저 들었을지 모릅니다. 이런 분을 과연 믿어도 될까요?

시간의 한계와 두려움을 넘어선 자리에
우리 주님이 계십니다

아마도 야이로는 이런 예수님을 기대했을 것입니다. 내 어려운 사정을 헤아려 주시며 "그래, 뛰어가자!"라고 말씀하시는 예수님, 나보다 내 문제를 더 걱정하시며 단숨에 해결해 주시는 예수님 말입니다. 그러나 예수님은 뛰어가시지도 않을 뿐만 아니라, 도리어 시간을 허비하며 문제를 방치해 놓으셨습니다. 이런 주님을 과연 믿을 수 있겠습니까?

더 나아가 야이로는 이런 예수님을 기대했을지 모릅니다. 오직 내 문제에 집중해 주시는 예수님, 그래서 다른 사람들이 도움을 요청해도 일단 거절하고 내 문제부터 돌봐 주시는 예수님 말입니다. 그런데 예수님은 내 문제가 아니라 다른 여인의 문제에 더 관심을 쏟고 계시는 것처럼 보입니다. 왜 예수님은 내 문제에 신경을 집중하시지 않는 것입니까? 이런 주님을 과연 믿을 수 있을까요?

그리하여 결국 걱정했던 일이 발생하고 말았습니다. "아직 예수께서 말씀하실 때에 회당장의 집에서 사람들이 와서 회당장에게 이르되 당신의 딸이 죽었나이다"(막 5:35). 야이로의 딸이 죽었습니다. 더욱이 그때는 '아직 예수께서 말씀하실 때'였습니다. 왜 그날따라 주님이 말씀이 많으셨을까요? 왜 그토록 말씀을 끊지 않으셨을까요? "아직 예수께서 말씀하실 때에"라는 구절은 "아직 예수께서 나를 위해서가 아니라 다른 이를 위해서 일하고 계실 때에"라는 말씀으로 바꿀 수 있을 것 같습니다. 바로 그때 야이로의 딸이 죽었다는 소식이 들린 것입니다. 너무나 절망스러운 상황입니다.

야이로의 절망이 느껴집니까? 아이를 살리려고 그렇게도 애썼건만 모든 노력이 물거품이 되어 버린 순간입니다. 주저앉아 울고 싶었을 것입니다. 그날따라 예수님이 왜 그리 길게 이야기하셨는지, 원망스럽기만 합니다. 안타까움, 미움, 좌절, 실망이 뒤섞여 야이로를 괴롭혔습니다. 하지만 그렇게 절망하고 있는 야이로에게 주님은 "두려워하지 말고 믿기만 하라"(막 5:36)고 말씀하셨습니다.

이어지는 말씀을 보면, 야이로가 예수님께 요청했던 내용과 예수님이 행하신 내용이 정확하게 일치한다는 사실을 발견할 수 있습니다. 앞서 23절에서 야이로는 예수님의 발 아래 엎드려 이렇게 요청했습니다. "내 어린 딸이 죽게 되었사오니 오셔서 그 위에 손을 얹으사 그로 구원을 받아 살게 하소서." 주님은 이 요청 그대로 행하셨습니다. 예수님은 야이로의 집에 오셨고, 집 안까지 들어오셨습니다. 야이로의 딸에게로 다가가 손을 잡고 짤막히 외치셨습니다. "달리다굼!"("소녀야 일어나라!") 그러자 소녀가 곧 일어나 걸었습니다. 예수님은 야이로가 원하던 방식 그대로 이루어 주신 것입니다. 다만 시간이 조금 늦었을 뿐입니다.

한번 생각해 봅시다. 딸아이가 죽었다는 소식을 듣게 되었을 때 야이로에게 군중은 어떤 존재였을까요? 특히 혈루증 앓던 여인은 그에게 어떤 존재로 여겨졌을까요? 장애물로 생각되지 않았을까요?

우리가 살면서 원하는 것을 얻으려고 노력하다 보면 주위에 있는 사람들이 잘 보이지 않을 때가 있습니다. 야이로도 원하는 바가 너무나 간절했기에 다른 사람을 볼 여력이 없었을 것입니다. 모든 사람과 상황이 치워 버려야 할 장애물로 여겨졌을 것입니다. 하지만 예수님은 다르셨습니다. 어쩌면 혈루증 앓던 여인 외에, 그녀만큼이나 간절하게 예수님을 찾고 있던 사람들이 또 있었을지 모릅니다. 그들은 야이로가 보기에는 군중 혹은 장애물이었지만, 우리 주님께는 한 사람, 한 사람 모두가 소중한 존재였습니다.

한편 이 말씀에는 흥미롭게도 '12년'이라는 공통된 기간이 등장합니다. 야이로가 딸아이와 즐겁고 행복하게 살던 12년 동안 한 여인은 혈루증으로 고통당하며 살아야 했습니다. 가족들과도 떨어져 지내며 오로지 병을 고치기 위해 모든 것을 쏟아부은 시간이었습니다. 야이로가 그토록 예수님을 만나기 위해 애썼던 것처럼, 여인 역시 예수님을 만나기 위해 애썼고 간절하게 그분의 은혜를 구했습니다.

그러므로 이 말씀은 야이로의 믿음에 대한 영웅적인 결말로 끝나지 않습니다. 그렇다고 혈루증을 앓던 여인의 이야기가 중심을 차지하지도 않습니다. 성경은 이 내용을 따로 떼어 놓지 않았습니다. 도리어 이 이야기들은 서로 얽히면서 '예수님께 은혜를 입은 사람들의 이야기'로 바뀌었습니다. 예수님은 느리게 움직이시는 것처럼 보여도 마침내 야이로의 소원을 들어주셨습니다. 그뿐만 아니라 혈루증 앓던 여인도 고쳐 주셨습니다.

그러므로 야이로는 이 일을 통해 알게 되었을 것입니다. '우리 주님은 내 소원을 들어주시는 분이지만, 동시에 다른 사람들의 기도도 들어주시는 분이구나. 나를 위해 일하시는 분이지만, 다른 사람들을 위해서도 일하시는 분이구나. 나의 주님이시지만, 너의 주님, 당신의 하나님도 되시는구나'라고 말입니다.

그래도 주님의 은혜가
내게 족합니다

언젠가 자녀의 대입 수학능력평가를 앞두고 한 교회의 기도회에 참석한 분이 교회에서 이렇게 기도해 주더라는 이야기를 한 적이 있습니다. "배운 것, 아는 것만 나오게 해 주시고, 모르는 것 나오면 찍어도 맞게 해 주시고, 실수해도 맞게 해 주시고, 밀려 써도 맞게 해 주시고, 점수가 잘 안 나와도 좋은 대학에 가게 해 주세요."

혹시 우리의 기도가 이렇지는 않습니까? 물론 언뜻 생각하기에는 참 좋고 간절한 기도 같습니다. 하지만 바로 이 모습이 우리가 하나님을 잘못 알고 있다는 반증이기도 합니다. 하나님은 나만을 위한 하나님, 나의 필요만을 채워 주시는 하나님이 아니십니다. 나만 주인공이고 다른 사람들은 군중이나 장애물이 되는 구조, 내가 세상의 중심이고 다른 사람들은 내 축복의 도구가 된다고 생각하는 구조는 잘못된 방식입니다. 이런 모습이 오늘날 한국교회를 병들게 하고, 사회로부터 기독교를 고립시켜 온 원인이 아닐까 합니다.

한 교회에 설교를 하기 위해 방문했는데, 찬양대원들이 열심히 찬양을 하고 있었습니다. 그런데 그 가운데 유독 두 분이 눈에 들어왔습니다. 한 분은 뭐가 그렇게 기쁜지 얼굴에 환한 미소와 기쁨이 가득했습니다. 덩실덩실 춤을 추듯이 찬양하고, 기도하고, 말씀을 보는 모습이 참 인상적이었습니다. 그런데 두 줄 아래 있는 분은 당시 무슨 어려운 사정이 있었던지 계속 눈물을 흘리고 있었습니다. 기도를 해도 눈물을 흘리고, 찬송을 해도 눈물을 흘리고, 말씀을 들으면서도 눈물을 흘렸습니다. 참 안타까웠습니다.

그 모습을 지켜보며 제 마음에 찾아온 깨달음이 하나 있었습니다. '이것이 바로 교회구나! 어떤 사람은 주님께 나아와 기쁘게 찬양하고, 어떤 사람은 슬픈 마음으로 주님께 간구하며 기도하는 모습, 이것이 바로 교회 공동체구나!'

우리 한 사람, 한 사람 모두가 주님의 은총을 누리는 한 공동체입니다. 때로는 슬프고 때로는 기쁘며, 때로는 좋은 일이 있고 때로는 나쁜 일도 있지만, 우리는 모두 주님의 자녀입니다. 다른 사람을 제치고 먼저 달려가는 내가 아니라 다른 사람과 함께 주님 앞으로 나아갈 수 있을 때 우리는 주님 앞에 이렇게 고백할 수 있습니다. "주님, 비록 오늘 제 기도는 들어주시지 않았지만, 그래도 주님의 은혜가 족합니다. 주님, 감사합니다."

혹시 요즘 하나님이 다른 사람만 돌봐 주시고 내 기도는 들어주시지 않는다며 투정 부리고 있지는 않습니까? 하지만 그때 우리 주님은 말씀하십니다. "두려워하지 말고 믿기만 하라"(막 5:36). 이 믿음을 가지고 오늘도 주님 앞에 서는 주님의 사람이 되기를 바랍니다.

하나님, 빛이 온 세상을 고르게 비추듯이

하나님의 은혜는 모든 사람에게 고루 미치고 있는데,

우리는 종종 우리만을 위하시는 하나님을 부르며

우리만을 도우시는 하나님을 찾을 때가 많음을 고백합니다.

내가 원하는 것을 주시는 하나님으로만 여기다 보니

함께 있는 친구들과 이웃이 때로는 장애물처럼 느껴집니다.

우리 모두가 주님의 은혜를 받은 사람들로서

서로를 위해 기도하고 배려하며

하나님의 은혜를 충분히 나누지 못했음을 용서해 주시옵소서.

하나님, 우리가 마음으로 다른 사람을 미워하고 업신여긴 것,
다른 사람은 생각하지 않고 나만 생각했던 것을 용서받기 원합니다.
우리가 말로 다른 사람들에게 상처를 준 것 또한 우리의 죄입니다.
용서해 주시옵소서.
무엇보다 유한한 우리의 삶을 영원한 것처럼 착각하고 살아온
우리를 불쌍히 여겨 주시옵소서.

7장

"형통한 자가 되어"

: 요셉의 고난

간수장은 그의 손에 맡긴 것을
무엇이든지 살펴보지 아니하였으니
이는 여호와께서 요셉과 함께하심이라
여호와께서 그를 범사에 형통하게 하셨더라

창 39:1-6, 19-23

성경은 "요셉이 형통한 자가 되었다"고 증언합니다
과연 그렇습니까?

창세기 39장 1절은 "요셉이 이끌려 애굽에 내려가매"라는 말씀으로 시작합니다. 요셉은 야곱의 열한 번째 아들인데, 아버지의 사랑을 독차지해 형들에게 미움을 사 결국 형들에 의해 노예로 팔린 인물입니다. 이 말씀은 그가 노예로 팔린 시작점을 설명합니다. 이제 요셉은 사랑받는 아들에서 고난받는 종, 곧 노예 신분으로 전락했습니다.

한편 이 부분에서 우리는 한 단어를 발견하게 됩니다. 이처럼 암울한 상황에 있어서는 안 될 것 같은 단어입니다. 바로 '형통'입니다. 억울하고 노예 신분으로 팔려 가는 시작점에 성경은 "그가 형통한 자가 되어"(창 39:2)라고 증언합니다. 분명 요셉의 정황은 고난과 억울함의 연속인데도 말입니다. 혹시 실수일까요? 그렇지 않아 보입니다. 왜냐하면 "요셉이 형통한 자가 되었다"라는 구절이 반복적으로 등장하기 때문입니다(창 39:2, 3, 23).

창세기 39장을 읽다 보면 2절에서 한 번 막히는 경험을 합니다. 우리가 일반적으로 생각하는 형통과는 전혀 다른 접근이 전개되기 때문입니다. "그가 형통한 자가 되어 그의 주인 애굽 사람의 집에 있으니"(창 39:2). 이 말씀이 어떻게 풀이됩니까? "그가 형통한 자가 되어"라는 말씀 다음에 일반적으로 어떤 내용을 기대할 것 같습니까? "그가 형통한 자가 되어 고향으로 돌아올 수 있었다", "그가 형통한 자가 되어 애굽에서 탈출할 수 있게 되었다", "그가 형통한 자가 되어 사랑하는 아버지를 다시 만날 수 있게 되었다." 이런 말씀이 이어져야 적절하지 않겠습니까?

그런데 2절 말씀은 이렇습니다. "요셉이 형통한 자가 되어 그의 주인 애굽 사람의 집에 있었다." 이 말은 달리하면 무슨 뜻입니까? "그가 형통한 자가 되어 애굽에서 탈출할 수 없게 되었다", "하나님이 그를 형통하게 하셔서 노예 신분으로 살게 하셨다", "하나님이 그를 형통하게 하셔서 그를 절대로 고향으로 돌아갈 수 없게 하셨다." 과연 이것이 형통입니까? 과연 이런 삶을 축복받은 인생이라고 할 수 있습니까?

요셉이 이스마엘 사람들에게 팔렸을 때 나이가 17세였습니다. 그리고 애굽 왕을 섬기기 시작할 때 나이는 30세였습니다. 그러므로 요셉이 팔려가 왕을 돕기 시작할 때까지 무려 13년이

나 흘렀습니다. 그 기간 동안 요셉은 노예 신분으로 살았고, 감옥에서 죄수로 보냈습니다. 그런 요셉의 인생을 가리켜 과연 '형통한 인생'이라고 말할 수 있을까요?

요셉의 인생을 한번 되짚어 봅시다. 요셉이 정말 억울한 때는 언제였을까요? 요셉은 적어도 3회, 대단히 힘겨운 시간을 겪어야 했습니다.

첫 번째는 형들에게 배신당해 노예로 팔려 갔을 때입니다. 아마도 요셉은 '어떻게 형들이 동생인 나를 노예로 팔아넘길 수 있을까? 믿었던 사람들이 어떻게 나를 곤궁에 몰아넣을 수 있을까?' 이 질문을 수없이 던지며 고투했을 것입니다.

두 번째는 보디발의 집에서 그의 아내의 유혹을 뿌리쳤을 때입니다. 요셉은 젊은 나이였기에 충분히 유혹에 넘어갈 수 있었습니다. 그러나 그는 단호히 뿌리쳤습니다. 하나님이 보고 계시며, 하나님이 살아 계신다는 믿음을 가졌기 때문입니다. 하나님 앞에서 죄를 지을 수는 없다고 생각해 거부했던 것입니다. 그런데 그 뿌리침의 결과가 무엇이었습니까? 도리어 모함당하고 결국 나락으로 떨어져 감옥에 갇혔습니다. 참으로 참혹한 고통의 시간이었습니다.

세 번째는 감옥에서 잠시 희망을 발견했지만 또다시 긴 시간을 기다려야 하는 시기였습니다. 요셉은 술 맡은 관원장이 감옥에 들어왔을 때 그의 꿈을 해석해 주었습니다. 그때 그가 곧 다시 왕을 섬기게 되리라는 것을 알게 되었습니다. 그래서 요셉은 술 맡은 관원장에게 "감옥에서 나가거든 나에게 은혜를 베풀어서 왕에게 내 억울한 사정을 잘 말씀해 주십시오" 하고 부탁했습니다(창 40:14-15).

한 번만 부탁했겠습니까? 감옥에 있는 동안 수없이 자신의 억울한 심정을 토로했을 것입니다. 그는 술 맡은 관원장이 풀려났을 때 희망을 가졌을 것입니다. 그러나 창세기 40장 마지막 절에 요셉의 절망스러운 상황이 묘사되어 있습니다. "술 맡은 관원장이 요셉을 기억하지 못하고 그를 잊었더라"(창 40:23). 게다가 다음 장인 41장은 "만 이 년 후에"라는 말씀으로 시작됩니다. 아마 만 2년이라는 시간은 요셉에게 굉장히 힘들고 어려운 시기였을 것입니다. 하나님이 자신의 상황을 역전시켜 주시리라 기대하며 하루하루 기다렸는데, 하나님이 응답하시지 않았습니다. 요셉은 2년 동안이나 억울한 자리에 멈춰 있어야 했습니다.

또한 창세기 39-40장에는 요셉이 경험한 13년간의 고난의 여정이 그려져 있습니다. 정말 불행하고 희망을 바랄 수 없던 요셉의 인생에 관한 이야기입니다. 그러나 그 이야기를 전하면서 성경은 그 가운데 '형통'이라는 단어를 새겨 넣었습니다. 그로써 우리로 하여금 요셉의 인생을 새로운 시각으로 바라볼 수 있게 합니다. 마치 하나님이 이렇게 말씀하시는 듯합니다. "너희가 보기에는 요셉의 인생이 참 고통스럽고 힘든 것 같지? 그런데 사실 그는 지금 형통하고 있단다. 그의 인생은 형통한 인생이란다"
라고 말입니다.

그렇다면 하나님이 말씀하시는 '형통'과 우리가 생각하는 '형
통'에 상당한 차이가 있다는 것을 알게 됩니다. 그 차이가 무엇
일까요? 우리는 무엇을 형통이라고 생각하며, 어떤 삶을 성공한
인생이라고 생각하며 살아갑니까?

일반적으로 우리는 형통과 성공을 일이 잘되고, 상황이 점점
더 좋아지고, 재물이 늘어나고, 사회적 위치가 점점 높이 올라가
는 것으로 생각합니다. 과장에서 부장으로 승진하고, 20평대 아
파트에서 30평대로 평수를 넓혀 가고, 비수도권에 살다가 수도
권으로 이사하는 것, 그래서 더 많은 영향력을 끼치는 삶을 살게
되는 것을 소위 '성공'이라고 표현하고, '형통'이라고 여깁니다.

그런데 만약 이와 같은 형통관과 성공관을 갖고 살아가면 우
리는 불행한 삶을 살 수밖에 없습니다. 왜냐하면 그러한 성공관
에는 끝이 없기 때문입니다. 20평대 아파트를 갖는 순간 30평대
아파트에 사는 사람이 부러워지고, 30평대 아파트에 사는 순간
40평대 아파트에 살고 싶고, 40평을 갖는 순간 더 큰 평수를 가
진 사람을 부러워할 수밖에 없습니다. 늘 나보다 앞서가는 사람
이 있고, 그 사람을 보는 순간 나는 그 뒤를 따라가는 존재가 될
수밖에 없습니다. 그러면 나는 실패자요, 아직 도상의 존재일 수
밖에 없는 것입니다. 이러한 성공관을 갖고 살면 우리는 늘 피곤

하고, 앞으로 나가지만 늘 뒤따르는 삶을 사는 것 같아 불안하고, 근심 속에 살 수밖에 없습니다.

우리의 인생기를 살펴보아도 마찬가지입니다. 우리의 삶은 성장기를 지나 성숙해지고 노쇠해지는 과정을 거쳐 결국 죽음으로 마무리됩니다. 이것이 인생의 흐름입니다. 사람은 결코 무한히 성장할 수 없습니다. 마찬가지로 우리가 아무리 큰 집을 갖게 된다 하더라도, 결국 힘이 모자라 그 집을 관리할 수 없는 상태가 되고 맙니다. 마침내는 평수를 줄여 나가야 하는 것이 우리의 삶입니다. 그러다 마지막 날에는 한 평도 되지 않는 자리에 눕게 됩니다. 그것이 우리의 인생 아닙니까?

그럼에도 불구하고 우리는 무한한 팽창, 무한한 성공에 집착하며 살아갑니다. 그렇게 살다 보면 피곤할 수밖에 없습니다. 하나님이 말씀하시는 성공은 그런 성공이 아닙니다. 하나님이 우리에게 원하시는 형통은 그런 형통이 아닙니다. 하나님은 요셉이 당한 고난의 여정을 우리에게 전해 주시며 바로 그의 삶 안에 형통이 있음을 알게 하십니다.

형통한 인생이란
하나님이 함께해 주시는 삶입니다

그렇다면 과연 형통이란 무엇입니까? 가장 먼저 창세기 39장 2-3절, 그리고 23절에 그 답이 나옵니다. 요셉이 형통했다는 말씀이 등장할 때마다 함께 나오는 구절이 있습니다. 먼저 2절입니다. "여호와께서 요셉과 함께하시므로 그가 형통한 자가 되어." "그가 형통한 자가 되어"라는 말씀 앞에 "여호와께서 요셉과 함께하시므로"라는 말씀이 있습니다. 이 말씀은 3절과 23절에서도 반복됩니다. "그의 주인이 여호와께서 그와 함께하심을 보며 또 여호와께서 그의 범사에 형통하게 하심을 보았더라"(창 39:3). "여호와께서 요셉과 함께하심이라 여호와께서 그를 범사에 형통하게 하셨더라"(창 39:23).

무엇이 형통이며, 성공이고, 번영입니까? '하나님이 함께하시는 것'이 형통입니다. 하나님이 함께하시니 두려움이 없습니다. 죽음도 두려워하지 않을 수 있습니다. 왜냐하면 하나님 안에 이 세상이 주지 못하는 생명이 있기 때문입니다.

또 '하나님이 함께하시는 것'이 왜 성공이 될 수 있습니까? 우리가 가진 것은 영원하지 않기 때문입니다. 잠시 얻은 인기, 잠시 가진 권력, 모든 일을 할 수 있을 것만 같은 재물도 결코 우리를 영원한 행복으로 이끌어 주지 못합니다. 우리는 늙어 가고,

시들어지며, 죽음을 향해 가고 있기 때문입니다.

그러나 죽음에서 우리를 구원할 수 있는 유일한 분이 계십니다. 바로 하나님이십니다. 하나님은 예수 그리스도를 통해 우리에게 영원한 생명을 약속해 주셨습니다. 그러므로 우리는 영원하신 하나님을 영접함으로써 진정한 의미의 성공을 얻을 수 있습니다. 다시 말해, 하나님이 함께하시는 삶이 번영이며 형통한 삶인 것입니다.

만약 우리가 일반적으로 생각하는 세상적인 의미의 성공관을 갖게 되면 나이 든 사람이나 장애인, 가난한 사람은 실패자가 될 수밖에 없습니다. 죽음이 임박한 사람에게 어떤 성공을 기대할 수 있겠습니까? 또 장애인이나 가난한 사람에게서 어떤 형통을 바라겠습니까?

그러나 하나님이 함께하시는 것이 형통이라고 믿으면 누구나 형통한 사람이 될 수 있습니다. 나이 든 사람도 형통하고, 죽음을 앞둔 사람도 형통할 수 있습니다. 왜냐하면 영원한 하나님 나라가 준비되어 있기 때문입니다. 뿐만 아니라 장애인도, 가난한 사람도 영원하시고 전능하신 하나님이 그와 함께하시기 때문에 형통한 사람이 될 수 있습니다. 누구라도 형통할 수 있습니다. 이것이 하나님이 말씀하시는 형통입니다.

또한 형통의 진정한 의미를 역설적인 측면에서 살펴볼 수 있습니다. 우리는 형통을 이야기할 때 '잘되는 것', '점점 나아지는 것'으로 이해하는 경향이 있습니다. 그러나 또 다른 의미의 형통도 있습니다. '완전히 망할 상태에서 그렇게 되지 않고 버티는 것', 이 또한 형통이라고 할 수 있습니다.

날마다 아침이면 수많은 병원의 병동에서 다음과 같은 기도를 드리는 분들이 있을 것입니다. "하나님, 오늘만 성공하게 해 주십시오. 오늘 하루만이라도 사랑하는 가족의 얼굴을 보며 지낼 수 있게 도와주십시오." 그리고 어느 날 우리도 이런 기도를 드리게 될 날이 올지도 모릅니다. "하나님, 하루만 더 성공하게, 하루만 더 버틸 수 있게 해 주십시오"라고 말입니다.

이처럼 죽음을 코앞에 둔 사람이 죽지 않고 목숨을 부지하는 것이 성공입니다. 망해야 할 사람이 망하지 않고 버텨 내는 것도 또 다른 의미, 곧 역설적 의미의 형통입니다.

하나님은 이스라엘 백성에게 다음과 같은 율법을 허락하셨습니다. "처녀인 여자가 남자와 약혼한 후에 어떤 남자가 그를 성읍 중에서 만나 동침하면 너희는 그들을 둘 다 성읍 문으로 끌어내고 그들을 돌로 쳐 죽일 것이니 그 처녀는 성안에 있으면서도 소리 지르지 아니하였음이요 그 남자는 그 이웃의 아내를 욕보였음이라 너는 이같이 하여 너희 가운데에서 악을 제할지니라"(신 22:23-24).

이 율법은 당시 고대 근동에서 일반적으로 적용되던 법입니다. 만약 이 법을 요셉에게 적용했다면 어떻게 되었을까요? 보디발의 아내는 소리를 질렀고, 요셉을 죄인으로 몰아갔습니다. 이런 경우 요셉이 받아야 할 형벌은 사형입니다. 돌에 맞아 죽어야 마땅합니다.

이 말씀은 평범한 남녀 사이에서 일어난 일에 관한 법입니다. 그럼에도 불구하고 돌로 쳐 죽이라고 합니다. 그런데 요셉은 하찮은 노예였고, 주인의 아내를 겁탈하려 했다는 누명을 쓰고 현장에서 붙잡혔습니다. 그렇다면 당연히 사형을 받아야 합니다. 돌에 맞아 죽어야 합니다. 그런데 요셉은 돌에 맞지도, 사형을 당하지도 않았습니다. 그가 받은 형벌은 감옥에 잡혀 들어가는 것이었습니다. 요셉에게 형통은 바로 이런 것이었습니다. 죽어야 할 운명에서 죽지 않고 목숨을 부지했습니다. 이 역시 또 다른 의미, 곧 역설적인 의미의 형통인 것입니다.

요셉이 경험한 역설적인 의미의 형통은 한 번만이 아니었습니다. 이보다 앞선 창세기 37장에서 한 번 더 있었습니다. 형들은 요셉이 오는 모습을 보고는 "그를 죽여 버리자"라고 말했습니다. 요셉을 죽이려고 했습니다. 하지만 이내 그들의 마음이 바뀌어 요셉을 구덩이에 넣고 조금 뒤에 죽이자고 했습니다. 그리고 마침내는 이스마엘 상인들이 지나가는 모습을 보고는 그들에게 팔아넘기기로 결정했습니다.

이렇게 요셉은 가까스로 목숨을 부지할 수 있었습니다. 아무도 모르게 죽을 수도 있었는데, 팔려 가는 것으로 마무리되었습니다. 우리가 언뜻 생각하기에는 노예 신분으로 팔려 간 일이 참 억울해 보이지만, 사실 죽을 뻔했다는 사실을 알게 되면 생각이 달라집니다. 도리어 노예로 팔린 일은 형통이나 다름없습니다. 이것이 요셉의 삶에 나타난 또 다른 형통입니다.

어렵고 억울한 시간을 보내고 있지만, 그래서 자꾸 넘어지고 쓰러질 것 같지만, 그럼에도 불구하고 완전히 망하지 않게 하시는 하나님의 은혜! 요셉이 경험한 형통입니다.

아직 내가 살아 있기에, 하나님이 나와 함께하시기에 우리는 절망하지 않습니다. 아직도 역전의 기회는 있습니다. 하나님이 무언가 하실 것이라는 믿음도 있습니다. 나를 살려 두신 이유가 있을 것이라는, 지금까지 나를 지탱하신 이유가 있을 것이라는 기대를 하나님께 둘 수 있습니다. 이것이 또 다른 의미의 형통입니다.

고난의 순간에도
소소한 행복이 숨겨져 있습니다

요셉은 억울하고 고통스러운 시간을 보내고 있었습니다. 노예로 팔려 가고, 억울한 누명을 쓰고 감옥에 갇히고, 그곳에서조차 사람들에게 잊혔습니다. 전체적으로 보면 암울한 시간이요,

절망의 연속입니다. 그런데 이 절망스러운 여정 가운데도 자그마한 형통이 숨겨져 있음을 보게 됩니다.

요셉은 비록 노예로 팔려 갔지만, 하나님이 함께해 주심으로 주인에게 신의를 얻어 가정 총무가 되는 작은 행복을 누릴 수 있었습니다. 누명을 쓰고 감옥에 들어갔지만, 간수장에게도 신뢰를 얻어 감옥을 관리하는 작은 행복을 얻었습니다. 그때마다 성경은 "여호와께서 요셉을 형통하게 해 주셨다"라고 증언합니다.

물론 이것은 너무 작은 행복 같습니다. 요셉의 인생을 보면 굉장히 큰 고통이 이어지고 있다고 생각될 수도 있습니다. 그러나 성경은 분명히 요셉의 인생의 순간마다 그가 '형통한 자'라고 강조하고 있습니다.

왜 그렇습니까? 요셉의 인생을 살펴보면, 애굽으로 팔려 가는 것이 하나님의 큰 뜻을 이루는 방법이었기 때문입니다. 만약 요셉이 애굽으로 팔려 가지 않았다면 어떻게 되었겠습니까? 그가 모함을 받아 감옥에 들어가지 못했더라면 어떻게 되었을까요? 술 맡은 관원장을 만나지 못했을 것입니다. 이후 애굽 왕의 꿈을 해석하는 자리까지 나아갈 수도 없었을 것입니다. 그러면 자연히 애굽의 총리가 되는 일도 없었을 것입니다.

만약 술 맡은 관원장이 복직되자마자 애굽 왕을 만나 요셉의 억울한 상황을 말해서 요셉이 풀려나고, 그가 바로 고향으로 돌아갔다면 어떻게 되었겠습니까? 나중에 애굽 왕이 꿈을 꾸었을 때 해석할 사람을 찾아낼 수 없었을 것이고, 요셉과 대면할 수도 없었을 것입니다. 하나님은 요셉을 안전히 감옥에 두시고, 그로 하여금 2년 후 왕의 꿈을 해석할 수 있는 자리까지 인도하신 것입니다.

요셉의 인생은 고통의 연속임이 분명합니다. 그러나 그에게는 반드시 필요한 시간이기도 했습니다. 게다가 하나님은 그 고통의 시간 속에서 요셉이 소소한 행복을 맛보게 하셨습니다. 노예 생활 중에도, 감옥 생활 중에도 작지만 기쁜 일들을 만나게 하셨습니다. 이것이 요셉이 경험한 형통입니다.

지금 어떤 상황에 처해 있습니까? 힘들고 어려운 시간을 보내고 있을지라도 하나님이 주시는 작은 행복을 누리고 있다면 축복 받은 인생이요, 형통한 삶입니다. 어려움 속에서도 자녀들의 어리광에 잠시나마 기쁘다면, 미래가 보이지 않는 직장에서 함께 마음을 나눌 수 있는 동료들이 있다면 그 또한 하나님이 허락해 주신 형통임을 기억하며 감사로 받을 수 있기를 바랍니다.

나로 인해 공동체가
복을 받는 것이 형통입니다

요셉이 경험한 또 다른 형통은 자신과 함께하는 사람이 더불어 복을 받는 형통입니다. 요셉은 힘든 삶을 살았습니다. 13년 동안이나 억울한 세월을 보내야 했습니다. 그러나 그로 인해 요셉과 동시대를 살고 있었던 사람들은 7년의 대기근 기간에 생명을 부지할 수 있었습니다. 어려운 시간을 넘기고 모두가 함께 살아날 수 있었습니다. 왕실도 살아났고, 가족들도 살았습니다. 또 애굽이 번성할 수 있었던 이유도 요셉이 있었기에 가능했습니다. 요셉이 당대에 살았기 때문에, 요셉이 그들과 함께했기 때문에 그와 함께한 수많은 사람이 혜택을 입게 된 것입니다.

창세기 39장 5절을 보면 이 같은 내용이 기록되어 있습니다. "여호와께서 요셉을 위하여 그 애굽 사람의 집에 복을 내리시므로." 이것이 바로 하나님의 은혜입니다.

사실 이러한 모습은 우리의 삶에서도 자주 발견됩니다. 우리는 가정에서 부모로서 자녀들을 대할 때 어떤 생각과 마음을 품고 살아갑니까? '나는 비록 고통스럽고 힘들게 살지만, 내 고통이 평생 지속될 것 같지만, 그럼에도 내 고생으로 우리 가족이 잘될 수만 있다면, 내 자녀가 행복한 삶을 살 수만 있다면 이 삶 역시 형통한 삶이고 성공한 삶이다'라고 생각하지 않습니까? 이 것이 바로 확장된 의미의 형통입니다. 나로 인해 누군가 행복을 누리고 복 받음을 기뻐하는 것이 형통입니다.

이런 측면에서 본다면, 예수 그리스도는 진정으로 형통한 삶을 사신 분입니다. 그분의 삶은 고난으로 점철되어 있었습니다.

죄가 없음에도 불구하고 십자가에서 처형되는 억울한 죽음을 맞이하셨습니다. 그러나 예수님의 십자가 죽음으로 수많은 사람이 살아났고, 생명을 얻었으며, 부활을 소망할 수 있게 되었습니다. 한 사람의 죽음이 온 인류의 구원을 이루어 낸 것입니다. 그러므로 예수님의 인생은 가장 형통한 삶입니다. 온전한 형통을 이루어 내신 삶입니다.

우리는 살면서 여러 어려움에 처할 때가 있습니다. 희생양처럼 사회에서 희생될 때도 있습니다. 정의를 지키려다가 오히려 모함당하고 나락으로 떨어져 재기하지도 못한 채 살아가는 사람들도 많습니다. 그러나 다시 한 번 생각해 보십시오. 내가 그토록 정의를 외쳤기에, 또 정의롭게 살려고 애썼기에 회사가 달라지고, 사회가 변화되었다면, 또한 그로 인해 언젠가는 후손들이 혜택을 누릴 수만 있다면 그것이야말로 진정한 형통이 아니겠습니까?

오늘날 고통스러운 시간을 살아가고 있는 이들에게 우리는 무엇으로 위로를 더할 수 있겠습니까? 하나님은 우리로 하여금 요셉의 인생을 다시 보게 하십니다. 하나님이 함께하심으로 형통한 요셉의 삶을 보여 주십니다. 요셉이 더한 어려움에 처할 수도 있었는데, 하나님이 그때마다 건져 주시고 보호해 주셨음을 알게 하십니다. 또 요셉이 힘든 노예 생활과 감옥 생활을 할 때도 하나님이 그에게 작은 행복을 허락하셨음을 깨닫게 하십니다. 동시에 하나님이 우리 가운데 허락하신 소소한 행복을 바라보게 하십니다. 나아가 비록 나는 희생하지만, 그 희생으로 누군가 복을 누린다면 그 또한 형통임을 알게 하십니다.

　이처럼 요셉을 통해 하나님이 우리에게 알려 주신 형통이 우리의 삶에 큰 위로가 되기를 바랍니다. 특별히 고난의 시기를 보내고 있다면 더욱더 하나님의 위로와 평강을 누릴 수 있기를 간절히 기도합니다.

마음속 진실을 기뻐하시는 주님,

우리 마음속에는 너무나 많은 것이 있어서 우리의 마음이 무겁고

우리는 그것들을 짊어지고 사느라 늘 피곤합니다.

더 많은 것을 갖기 위해,

더 높은 곳으로 올라가기 위해,

더 넓은 곳에서 살기 위해

우리의 생각과 마음을 쓰며 살고 있는 우리입니다.

많은 것을 손에 쥐고 있는 것 같으나

정작 우리의 입술은 언제나 말라 있고,

우리의 영혼은 파리하며,

우리의 마음은 헛된 경쟁심과 시기심으로

생명력을 잃고 말았습니다.

생명 되시는 주님을 우리의 마음에 모시고

단정하며, 단순하고, 순수하게 살아가는 우리가 되기를 원합니다.

거룩함이 있기를 원합니다.

진실된 사랑이 있기를 원합니다.

소박하며 신실한 믿음이 있기를 원합니다.

주님, 우리의 마음을 고쳐 주시고 우리를 새롭게 하옵소서.

8장

"하물며 너희일까 보냐"

: 우리의 염려

오늘 있다가 내일 아궁이에 던져지는 들풀도
하나님이 이렇게 입히시거든
하물며 너희일까 보냐 믿음이 작은 자들아

마 6:25-32

어렵지만 염려하지 맙시다

왜냐하면…

염려하는 사람들에게 어떻게 염려하지 말라고 이야기해야 할지, 먼저 저 자신부터 염려했다고 말씀드리고 싶습니다.

염려하지 않는 사람이 있을까요? 누구도 염려에서 자유로울 수 없을 것입니다. 모든 인간은 염려라는 질병을 앓고 있습니다. 우리 주위에 너무 가까이 있어서 그 폐해가 잘 느껴지지 않을 뿐이지, 인간에게 큰 치명상을 입히는 것이 염려라는 독한 병입니다. 인간의 오랜 역사 가운데서도 얼마나 많은 사람이 염려라는 질병 때문에 고통스러워하고, 염려라는 장막에 갇혀 인생을 허비했는지 모릅니다. 인간의 삶을 불행하게 만드는 단초에는 늘 염려라는 독이 자리하고 있습니다.

염려처럼 끈질긴 것도 없습니다. 왜 염려할 필요가 없는지에 대해 잘 설명하고 위로해 줄 때는 고개를 끄떡이지만, 그 설명이 끝나기가 무섭게 돌아서면 또다시 '하지만…' 하며 염려하는 것이 우리의 실상입니다.

염려처럼 전염성이 강한 것도 없습니다. 마음과 생각에서 염려가 시작되지만, 결국 이 염려가 모든 인격과 몸을 지배하게 됩니다. 즉 염려는 인간의 모든 영역에서 힘을 발휘합니다. 어떤 사람이 염려하게 되면, 옆에 있는 사람도 염려하게 되고, 이어 또 다른 사람도 염려에 전염됩니다.

게다가 염려처럼 우리의 믿음을 흔드는 것도 없습니다. 염려를 의미하는 'worry'라는 영어 단어의 어근은 '물어뜯다'라는 의미를 지닙니다. 우리의 마음과 영혼을 물어뜯어서 우리로 찬송과 기도를 하지 못하게 방해하는 것이 염려라는 뜻입니다.

마태복음 6장 25-32절은 우리가 매우 잘 알고 있는, "염려하지 말라"라는 예수님의 말씀입니다. 주님은 이 말씀을 통해 우리가 염려하지 말아야 할 이유를 하나씩 설명해 주셨습니다.

먼저 주님은 염려가 우리의 몸과 목숨을 상하게 할 수 있다고 말씀하셨습니다. "그러므로 내가 너희에게 이르노니 목숨을 위하여 무엇을 먹을까 무엇을 마실까 몸을 위하여 무엇을 입을까 염려하지 말라 목숨이 음식보다 중하지 아니하며 몸이 의복보다 중하지 아니하냐"(마 6:25). 인간이 두려워하는 가장 근원적인 염려를 예로 들어 "무엇을 먹을까 무엇을 마실까 몸을 위하여 무엇을 입을까 염려하지 말라"라고 말씀하신 것입니다.

이 말씀은 어느 레스토랑에서 어떤 메뉴를 선택할지, 또는 어떤 의류점에 가서 어떤 옷을 고를지 결정하는 정도의 어려움을 말하는 것이 아닙니다. '인간으로서 최소한 먹고살 수는 있을까? 다른 사람들처럼 생계를 유지하면서 살아갈 수 있을까?' 하는 염려와 걱정으로 살아가는 사람들에게 주신 말씀입니다.

그런데 주님은 이러한 염려에 빠진 사람들에게도 "목숨이 음식보다 중하지 아니하며 몸이 의복보다 중하지 아니하냐"라고 말씀하셨습니다. 염려가 몸을 상하게 하고, 목숨을 위협할 수 있다는 뜻입니다. 다시 말해, "무엇을 먹을까, 마실까, 입을까 하는 염려 때문에 실제로 몸이 상하게 된다면 무슨 의미가 있겠느냐"라는 주님의 말씀입니다.

사실 그렇습니다. 우리의 마음에 염려가 쌓이면 그때부터 불안해집니다. 두려움이 생깁니다. 의심이 많아집니다. 조급해집니다. 나중에는 우울해집니다. 그로 인해 사람들과 가족에게 신경질을 부리고 안달하기도 합니다. 그렇게 염려는 우리의 마음을 물어뜯고 우리의 영혼을 상하게 만듭니다. 우리의 몸을 망가뜨리고, 심지어 목숨을 앗아 가기도 합니다. 한 걸음 더 나아가, 때로 염려는 우리의 가정을 파괴하고 공동체를 무너뜨리기도 합니다. 그래서 주님은 우리에게 염려하지 말아야 한다고 말씀하셨습니다.

염려는 오늘의 삶을
충일하게 살지 못하게 방해합니다

우리가 염려하지 말아야 할 이유가 또 있습니다. 염려는 아직
오지도 않은 미래를 앞당겨 가져와 걱정하는 것이므로 오늘을
충일하게 살지 못하게 방해합니다. 헨리 나우웬(Henri Nouwen)은
염려를 이렇게 정의했습니다. "염려는 아직 내 앞에 오지도 않은
시간과 장소를 무엇인가로 가득 채우려고 하는 것이다." 다시 말
해, 염려란 우리의 마음을 '혹시'로 가득 채우는 것이라고 말했
습니다.

'혹시 암에 걸리지 않을까? 혹시 자동차 사고가 나지는 않을
까? 혹시 실직하지는 않을까? 혹시 시집을 못 가는 것은 아닐
까? 혹시 비가 오면 어떻게 하나? 혹시 아이가 뛰다가 넘어지면
어떻게 하나? 혹시 학교 간 아이가 돌아오지 않으면 어떻게 하
나?' 이런 식으로 아직 오지도 않은 미래를 '혹시'로 가득 채우
는 것이 염려입니다.

그렇게 되면 아직 오지도 않은 미래가 불행으로 가득 차게 됩
니다. 아직 오지도 않았는데, 이미 그 미래는 불행 속에 있습니
다. 더 나아가 오지 않은 미래를 걱정하고 염려하느라 오늘이라
는 시간을 제대로 살아 내지 못하게 됩니다.

어린아이가 신나게 내리막으로 뛰어 내려갑니다. 엄마는 따

라 내려가면서 말합니다. "안 돼! 안 돼!" 왜 안 된다고 할까요? 뛰다가 넘어질 것을 염려하기 때문입니다. 그러니 아이가 뛸 때 함께 뛰면서 기분 좋게 뛰어 내려가지를 못합니다. 함께 뛰어놀 수 있다면 얼마나 좋겠습니까? 그러나 엄마는 염려 때문에 그 시간을 충일하게 보내지 못합니다.

대학 입시를 준비하는 학생들과 부모 역시 아직 오지 않은 미래를 걱정하며 살아갑니다. '대학 입시에 떨어지면 어떻게 할까?' 하고 염려하느라 몸도, 마음도 상합니다. 심지어 걱정 때문에 잠도 이루지 못합니다. 공부를 제대로 못하기도 합니다. 참으로 안타까운 일들이 반복됩니다. 일어나지도 않은 미래를 미리 현실로 가져와서 걱정하고 염려하는, 그래서 결국 오늘을 제대로 살아 내지 못하는 모습이 바로 우리의 모습입니다.

우리는 왜 이렇게 먼저 앞으로 가져와서 걱정하는 것일까요? 걱정하느라 오늘이라는 귀한 날을 제대로 살지 못하면서까지 말입니다. 그렇기에 예수님은 오늘 우리에게 말씀하십니다. "그러므로 내일 일을 위하여 염려하지 말라 내일 일은 내일이 염려할 것이요 한 날의 괴로움은 그날로 족하니라"(마 6:34).

내 영역을 벗어난 염려는
어쩔 수 없는 일입니다

우리는 종종 일어나지 않을 일을 염려하는 경향이 있습니다. 염려와 관련된 이야기 중에 아주 고전적이고 잘 알려진 예화가 있습니다. 아서 랭크라는 사업가의 이야기입니다.

아서 랭크는 늘 걱정과 염려가 많아서 사업을 하기가 쉽지 않았습니다. 그는 염려하느라 매일매일 힘들고 불안하게 살았습니다. 그러다 한 가지 좋은 생각을 했습니다. 일주일 중 하루를 '염려하는 날'로 정한 것입니다. '염려 상자'를 만들어 염려나 걱정거리가 생기면 내용을 적은 종이를 상자 안에 넣었습니다. 그러고는 그 염려에 대해서는 다시 생각하지 않기로 했습니다. 일주일 중 단 하루, 수요일에만 염려 상자를 열어 적어 둔 내용을 읽으며 염려하기로 정했습니다.

드디어 수요일이 되어 염려 상자를 열어 보았습니다. 과연 많은 염려 종이가 나왔습니다. 한 장, 한 장 읽어 가면서 본격적으로 걱정을 하려 했습니다. 그런데 놀랍게도 한 주간도 안 되는 겨우 며칠 사이에 염려가 저절로 해결되었다는 사실을 알게 되었습니다. 더는 걱정거리가 안 되는 문제들이 70% 이상 되었다고 합니다.

물론 이런 이야기가 아니더라도 우리 주위에서 일어나는 일들을 보면 우리가 너무 일어나지도 않을 일들을 자주 걱정하고 있다는 생각이 들 때가 많습니다. 예를 들면 이런 식입니다. 병원에 가서 MRI 촬영을 합니다. 간에 알갱이 몇 개가 발견되었습니다. 의사가 컴퓨터단층촬영(CAT Scan)을 하자고 합니다. 병원을 나오면서 걱정과 염려가 생깁니다.

'혹시 간암일 수도 있다는데 간암이면 어떡하지? 간암이라는 진단이 나오면 가족들에게 알려야 하나, 말아야 하나? 수술을 받아야 할까, 아니면 자연 치유를 선택해야 할까? 자연 치유를 위해서 시골로 내려가면 누가 나를 따라와 줄까? 하던 일은 어떻게 하나? 사표를 내야 하나, 아니면 휴직 처리를 해야 하나? 내가 하던 이 사업을 누가 맡아서 과연 잘해 낼 수 있을까? 수술을 받는다면 어느 병원에서 수술을 받아야 할까? 혹시 수술을 받다가 의사가 실수하면 어떻게 하지? 마취에서 깨어나지 못하면 어떻게 하지? 내가 죽으면 어떻게 하지? 배우자는 어떻게 하나? 자녀들은 어떻게 되는 것이지?'

사실 보통 이 염려들은 며칠 후 병원에 가서 "별 문제 없습니다"라는 의사의 말과 함께 순식간에 사라질 걱정거리입니다. 즉 쓸모없는, 쓸데없는 걱정입니다.

마지막으로 예수님은 염려해도 소용없는 것들을 우리가 염려하고 있다고 말씀하셨습니다. "너희 중에 누가 염려함으로 그 키를 한 자라도 더할 수 있겠느냐"(마 6:27). 이 말씀은 "인간이 할 수 있는 영역도 아닌데, 하나님의 영역을 붙잡고 쓸데없이 걱정하고 근심하며 염려할 필요가 있느냐?"라는 주님의 물음이기도 합니다.

우리는 '암에 걸리면 어떻게 하나?' 하고 염려합니다. 그렇게 걱정한다고 해서 암에 걸리지 않습니까? 암에 걸리는 것은 우리의 염려와는 상관이 없습니다. 물론 암에 걸리지 않기 위해서 조심할 수는 있습니다. 그러나 염려한다고 암에 걸리지 않는 것은 아닙니다. 그것은 우리의 영역을 넘어섭니다.

미국에 있을 때 산 위에 좋은 집을 구입해 살고 있는 분이 있었습니다. 이제는 이름도, 얼굴도 잘 기억나지 않습니다. 그런데 기억에 남는 한 가지가 있습니다. 그분이 매우 큰 염려를 하고 살았다는 사실입니다. 산 위에 있는 아주 좋은 집에 살면서도 늘 마음속에 '산불이 나면 어떻게 하지?'라는 염려를 품고 있었습니다. 차라리 도시에 내려와 살면 될 텐데 굳이 산 위에 있는 집에 살면서 매일매일 같은 걱정에 사로잡혔습니다. 산불이 나면 어쩔 수 없는 것 아닙니까? 그것은 내가 어떻게 할 수 있는 일이 아니지 않습니까?

시편 127편 기자는 이렇게 고백합니다. "여호와께서 집을 세우지 아니하시면 세우는 자의 수고가 헛되며 여호와께서 성을 지키지 아니하시면 파수꾼의 깨어 있음이 헛되도다 너희가 일찍이 일어나고 늦게 누우며 수고의 떡을 먹음이 헛되도다 그러므로 여호와께서 그의 사랑하시는 자에게는 잠을 주시는도 다"(시 127:1-2). 우리가 아무리 걱정하고, 계획하고, 잠을 못 자고, 생각하고, 염려해도 하나님이 세워 주시지 않으면 모든 일이 허 사입니다. 그러므로 걱정과 염려 없이 잠자리에 들 수 있는 것은 하나님의 복입니다.

염려를 이기는
3가지 방법이 있습니다

그렇다면 우리는 어떻게 염려에서 해방될 수 있을까요?

염려를 이기는 첫 번째 방법은 "오늘 있다가 내일 아궁이에 던져지는 들풀도 하나님이 이렇게 입히시거든 하물며 너희일까 보냐 믿음이 작은 자들아"라는 마태복음 6장 30절에 기록된 예 수님의 말씀에서 찾을 수 있습니다.

이 말씀은 '너희의 신분을 깨달으라'라는 의미입니다. 우리는 이방인이 아니라 하나님의 자녀입니다. 공중의 새 정도가 아니 며, 들의 백합화 수준이 아닙니다. 주님은 우리에게 "아버지를 믿으라. 너희는 나를 믿는 자들이 아니냐? 나의 자녀들이 아니 냐?"라고 말씀하십니다.

자수성가한 친구가 있습니다. 열심히 공부해서 의사가 되었

습니다. 나이 오십이 다 되도록 결혼도 하지 못하고 열심히 가족
만을 섬기며 살았습니다. 연로한 아버지와 어머니를 부양했고,
직업이 없는 동생들을 뒷바라지했습니다. 자신이 벌어 오는 돈
으로 살림을 하느라 걱정과 염려가 끊이지 않았던 친구입니다.
늘 가계부를 적고, 하루하루 필요한 물건 값을 계산하고, 집을
옮기는 문제, 전세를 얻는 문제, 동생들에게 가게를 얻어 주는
문제, 아버지의 건강 문제 등으로 씨름하던 친구입니다.

그 친구가 세례를 받는 날, 제게 했던 말이 잊히지 않습니다.
"이제 내게도 의지할 분이 생겼으니 참으로 기쁘다. 나의 걱정과
근심을 내어놓을 수 있는 분이 생겼으니, 이제 내 마음이 평안해
진다." 이것이 믿음입니다. 우리 주님이 말씀하십니다. "하물며
너희일까 보냐 믿음이 작은 자들아."

어린아이가 소파 위에서 아빠를 향해 뛰어내립니다. 아빠는
아이를 붙잡아 줍니다. 그러면 아이는 까르르 웃고 다시 소파 위
로 올라갑니다. 아이는 또다시 뛰어내리고 아빠는 또다시 받아
냅니다. 만약 아이가 '아빠가 혹시 안 받아 주면 어떻게 하지?'
라고 염려한다면 뛰어내릴 수 있을까요? 아빠를 믿기 때문에 즐
겁게 뛰어내릴 수 있는 것입니다. 그러면 놀이가 됩니다. 염려가
사라지면 놀이가 생깁니다.

두 번째로 우리 주님이 말씀하신 염려를 극복하는 방법은 우
리의 시선을 다른 곳으로 향하게 하는 것입니다. 보다 근원적인

것에 관심을 두라는 뜻입니다. "그런즉 너희는 먼저 그의 나라와 그의 의를 구하라 그리하면 이 모든 것을 너희에게 더하시리라"(마 6:33).

주님은 우리가 염려를 극복하기 위해서는 삶의 가치관과 방향성이 달라져야 한다고 말씀하셨습니다. 물질적인 것, 명예나 건강 등 세상적인 것에만 관심을 쏟게 되면, 결국 우리는 염려에서 빠져나올 수 없습니다. '내가 암에 걸리면 어떡하지? 죽을 수도 있겠구나! 하지만 그것이 내게 무엇을 의미하는가? 나는 죽어도 하나님 나라가 약속되어 있으니, 무엇을 겁낼 것인가? 나는 사는 동안 하나님의 일을 열심히 하다가 하나님 나라에 갈 것이다.' 이렇게 생각하면 염려가 자리할 곳이 없습니다.

그러한 삶을 사는 사람들을 향해 주님은 축복을 약속하셨습니다. "그리하면 이 모든 것을 너희에게 더하시리라." 얼마나 귀한 말씀입니까. 하나님은 우리가 하나님 나라를 위해서 일하면 우리에게 필요한 모든 것을 덤으로 주겠다고 약속하셨습니다. 쓸데없이 욕심에 매여 염려하며 살아갈 필요가 없습니다. 생의 가치관을 바꾸고 하나님을 위해, 보다 복되고 의미 있는 일을 위해 노력하며 살면 되는 것입니다. 그러면 우리의 모든 필요를 주님이 선물처럼 채워 주실 것입니다.

세 번째로 염려를 이기는 방법은 "들의 백합화가 어떻게 자라는가 생각하여 보라 수고도 아니하고 길쌈도 아니하느니라 그러나 내가 너희에게 말하노니 솔로몬의 모든 영광으로도 입은 것이 이 꽃 하나만 같지 못하였느니라"(마 6:28-29)라는 예수님의 말씀에서 찾을 수 있습니다. 이 말씀에는 염려와 반대되는 매우 중요한 관점이 숨겨져 있습니다. 염려의 반대가 무엇입니까? 바로 '감탄'입니다. 예수님은 들의 백합화를 보시며 감탄이라는 또 하나의 관점을 우리에게 제시하셨습니다.

우리도 들판의 백합화를 보면서 얼마든지 염려해 줄 수 있습니다. '사람들이 저 아름다운 백합화를 밟고 지나가면 어떻게 하지? 홍수가 나서 백합화가 물에 차 죽으면 어떻게 하지? 백합화가 왜 하필이면 저 큰 나무 아래서 피었을까? 큰 나무 그늘 때문에 햇빛을 받지 못해 시들면 어떻게 하지?' 그러나 예수님은 들에 핀 백합화를 보며 염려하시는 대신 "솔로몬의 모든 영광으로도 입은 것이 이 꽃 하나만 같지 못하였느니라! 얼마나 아름다운가! 그 자체로 얼마나 존귀한가!" 하고 감탄하셨습니다.

예를 들어, '어머니가 치매에 걸리시면 어떻게 하지?' 하고 오지도 않은 미래를 걱정하느라 어머니를 미리부터 치매 환자로 만들 필요가 있겠습니까? 지금 환하게 웃으시는 어머니를 보면서 "웃으시니 예쁘네요. 아직 몸이 움직이네요. 잘 걸으시네요. 하나님, 오늘 어머니와 이렇게 좋은 시간을 보내게 해 주셔서 감사합니다" 하고 환호하면 되는 것입니다.

'자라나는 우리 아이들, 공부를 못해서 좋은 학교에 못 들어가면 어떻게 하지?' 이런 걱정과 염려를 앞당겨 불행한 삶을 살지 말고, 웃으며 천진난만하게 자라나는 아이들을 보며 감탄해야 합니다. "어쩌면 이렇게 예쁜 아이를 하나님이 나에게 허락해 주셨지? 공부가 문제냐? 지금 네 모습 자체로 참 아름답구나!" 감탄은 감사로 이어집니다. 감사는 찬송으로 이어집니다.

염려하지 맙시다. 그런데 사실 염려하지 말라는 말, 누가 모르겠습니까? 아무리 강조해서 말한들 염려가 얼마나 많이 사라지겠습니까? 그러나 주님의 말씀을 붙잡고 다시 한 번 권면합니다. 염려하지 마십시오. 도리어 감탄하십시오. 믿으십시오. 주님의 나라를 구하십시오. 주님이 우리에게 말씀하십니다. "그러므로 염려하여 이르기를 무엇을 먹을까 무엇을 마실까 무엇을 입을까 하지 말라 이는 다 이방인들이 구하는 것이라 너희 하늘 아버지께서 이 모든 것이 너희에게 있어야 할 줄을 아시느니라"(마 6:31-32).

거룩하신 하나님,

우리에게 사랑하는 가족을 허락해 주셔서

위로와 힘을 얻게 하여 주시니 감사합니다.

하오나 우리의 가족을 생각할 때면

걱정과 염려가 앞설 때가 많습니다.

아이들의 미래를 자꾸 걱정하게 되고,

부모님의 건강을 근심하게 되며,

우리가 하는 일과 사업을 염려하게 됩니다.

우리 가운데 참 많은 염려와 걱정이 있습니다.

이러한 우리의 많은 염려와 근심이

우리의 상황을 바꾸지 못한다는 것을 알면서도

우리는 끊임없이 걱정하고 염려합니다.

하나님, 이것은 우리의 믿음 없음입니다.

하나님이 들의 백합화와 하늘의 새들을 보게 하시면서

"하물며 너희일까 보냐"라고 말씀하시지만,

우리는 여전히 염려와 걱정으로 살아가고 있습니다.

주님, 우리의 부족함을 용서하여 주시옵소서.

우리의 연약함을 긍휼히 여겨 주시옵소서.

3부

완전하신

주님을 따라

불완전하지만 나아가기

9장

성령이 광야로 이끄시더라도

: 신뢰

성령이 곧 예수를 광야로 몰아내신지라

막 1:9-13

성령은 다양한 방식으로
우리의 삶에 임하십니다

성령은 부활하신 예수님이 약속해 주신 선물이며, 또 다른 모
습으로 존재하시는 하나님입니다. 사도행전 2장은 최초의 성
령 강림 사건을 전해 줍니다. "오순절 날이 이미 이르매 그들
이 다 같이 한곳에 모였더니 홀연히 하늘로부터 급하고 강한
바람 같은 소리가 있어 그들이 앉은 온 집에 가득하며 마치 불
의 혀처럼 갈라지는 것들이 그들에게 보여 각 사람 위에 하나
씩 임하여 있더니 그들이 다 성령의 충만함을 받고 성령이 말하
게 하심을 따라 다른 언어들로 말하기를 시작하니라"(행 2:1-4).
강력하고도 놀라운 첫 번째 성령 임재 사건을 극적이고 웅장하
게 묘사하고 있습니다.
　한편 사도행전 2-3장에서 성령의 임재와 더불어 발생된 일

들은 매우 놀랍습니다. 사람들이 다른 언어로 말하기 시작했고, 베드로가 거리로 나가 소리 높여 설교하자 단번에 3,000명이 회심하고 세례를 받았습니다. 신도들은 자신들의 재산을 팔아 필요한 사람들에게 나눠 주기 시작했고, 날마다 마음을 같이하여 성전에 모이기를 힘쓰고, 집에서 떡을 떼며 기쁨과 순전한 마음으로 음식을 먹고 하나님을 찬미했다고 성경은 분명히 증언하고 있습니다. 또한 베드로와 요한이 성전에 오르던 중 나면서부터 못 걷게 된 사람을 일으켜 세우자 치유되는 기적이 일어났습니다.

얼마나 놀라운 일입니까? 사실 이러한 성령 강림 사건을 접할 때마다 우리는 부러움과 함께 우리 자신의 신앙을 돌아보게 됩니다. '나는 과연 올바로 믿고 있는가? 성령 강림을 제대로 경험하며 살아가고 있는가?'라는 질문을 던지게 됩니다. 때로는 현재 우리가 잘 살지 못하고 있는 것 같아 신앙적 열등감을 느끼기도 합니다.

또한 이 말씀을 읽을 때마다 왜 오늘날 우리에게는 이러한 일이 일어나지 않는지, 질문이 생깁니다. 이에 대해 어떤 분들은 "우리는 본래 이 같은 성령 체험을 경험해야 마땅합니다. 그러나 우리의 잘못과 죄악 때문에 이러한 성령 체험을 하지 못하는 것입니다"라고 주장하면서 성령 체험을 위해 지금이라도 노력해야 한다고 말합니다. 강력한 성령 임재를 위해 다양한 방식으로 노력하는 분들의 이야기입니다. 그들은 성도라면 방언의 은사도 받아야 하고, 여러 영적인 경험을 하면서 살아야 한다고 말합니다.

조금 더 과격한 분들은 기도할 때 사람들이 쓰러지는 일이 일어나야 하고, 아말감으로 처리된 치아가 금니로 변화되는 일도 일어날 수 있다고 주장합니다. 성령이 임하시면 치유와 방언, 예언 등 모든 은사가 나타난다고 이야기하기도 합니다. 더욱이 이런 성령 사건을 반드시 체험해야 한다고 주장하는 사람들도 있습니다.

이러한 주장에 대해 어떻게 생각합니까? 사실 이러한 주장은 우리뿐만 아니라 우리 주변에서부터 열광적인 성령 운동을 하는 교회에 이르기까지, 모양은 조금씩 달라도 매우 넓게 확산되어 있는 생각입니다. 동시에 이러한 배경에서 다양한 이단이 나오기도 했다는 사실을 기억해야 합니다. 또 한편에서는 이와 같은 주장을 극도로 폄하하며, 성령 임재는 초대교회의 극적이고 일회적인 사건이므로 그 이후로는 동일한 체험이 일어날 수 없다고 주장하는 분들도 있습니다. 이와 같이 서로 다른 관점을 어떻게 이해해야 할까요?

사실 성경을 살펴보면, 다양한 성령 임재와 성령 체험 사건이 나타나 있습니다. 사도행전 2장에서처럼 극적인 성령 임재 사건도 있지만, 때로는 성경을 읽다가 마음이 뜨거워지는 성령 경험도 있습니다. 또 엠마오로 향하던 제자들이 예수님을 만나 함께 식사하는 중 영적 체험을 했던 것처럼, 어느 순간 불현듯 성령 체험을 하고 주님을 만나는 경험을 하기도 합니다.

성경은 이미 다양한 모습으로 나타나는 성령 임재 사건을 우리에게 보여 줍니다. 성령이 병 고침과 예언, 영 분별과 방언, 통역과 같은 은사를 허락하심으로써 나타나시기도 하고, 성령의 열매로 사랑과 희락, 화평, 오래 참음, 자비, 양선, 충성, 온유, 절제를 허락하며 임재하시기도 합니다. 즉 성령의 역사는 지금도 강력하게 나타나기도 하고, 동시에 조용하고 잠잠하게 임하기도 합니다. 우리가 기도할 때 성령의 모습이 극적으로 경험되기도 하고, 말씀을 읽고 들을 때 잔잔하게 경험되기도 합니다. 찬송할 때 뜨겁게 경험되기도 하고, 찬송가 가사를 읽어 내려가는 중 가슴속 깊이 스며들어오기도 합니다.

우리가 조심해야 할 점이 있다면, 성령 임재의 '다양성'을 인정하지 못하고 성령을 자신의 경험이나 생각만으로 제한하려는 시도입니다. 하나님은 우리에게 성령을 선물로 보내 주셨습니다. 또 하나님은 우리를 각각 다른 모양으로, 다른 육체로, 다른 속성으로 만들어 주셨습니다. 하나님은 우리 각자가 자신의 성향과 기질에 맞게 성령을 받아들일 수 있도록 인도하십니다.

하나님은 우리에게 극적이고 열광적인 체험을 통해 성령을 허락하실 수도 있고, 조용하고 잔잔하게 말씀과 기도를 통해 성령을 경험하게 하실 수도 있습니다. 그러므로 열광적인 성령 체험만을 얻기 위해, 마치 그것만이 해답인 것처럼 열등감을 가지고 이곳저곳을 헤맬 필요가 없습니다. 물론 극적인 경험이 도움을 줄 때가 있습니다. 또한 극적인 경험이 우리의 삶을 크게 변화시킬 수도 있습니다. 그러나 그것만이 성령 임재 또는 성령 강림 체험은 아니라는 사실을 기억해야 합니다.

'들음'으로 성령의 임재를
경험할 수 있습니다

우리는 지금까지 사도행전을 통해 성령 강림을 떠올리곤 했습니다. 그런데 그보다 앞서 예수님의 세례 현장에서 벌어진 성령 강림 사건, 즉 예수님께 성령이 임재하셨던 현장을 살펴보려고 합니다. 그 말씀을 연구함으로써 또 다른 성령 임재를 발견할 수 있기 때문입니다.

마가복음 1장 9-13절과 이 내용을 보다 자세히 다루고 있는 누가복음을 중심으로, 예수님께 성령이 임재하셨을 때 어떤 일이 일어났는지를 살펴보겠습니다. 그 가운데 두드러지게 나타나는 매우 중요한 표현이 있습니다. "성령이 곧 예수를 광야로 몰아내신지라"(막 1:12).

성령이 예수를 광야로 몰아내셨다니, 조금은 이해하기 어려운 말씀입니다. 성령을 받으면 행복해지고, 풍성해지고, 능력이 많아지고, 못할 것이 없어지고, 아무런 부러움이 없을 만큼 좋은 상태가 되지 않습니까? 성령의 충만함이란 좋은 것이 아닙니까? 그런데 성경은 성령 충만을 경험하신 예수를 성령이 광야로 몰아내셨다고 말합니다.

누가복음 4장 1절은 예수님이 성령께 이끌려 40일 동안 광야에 머무셨다고 말합니다. "예수께서 성령의 충만함을 입어 요단강에서 돌아오사 광야에서 사십 일 동안 성령에게 이끌리시며." 흥미롭게도 예수님이 성령을 체험하신 장면에서는 특별하거나 놀라운 역사가 나타나지 않았습니다. 예수님이 성령을 받으시고 방언이나 예언을 하셨다거나, 새로운 능력이 주어졌다는 말씀이 없습니다. 즉 예수님의 성령 사건과 예수님의 능력을 결부시키지 않고 있다는 사실입니다. 도리어 성경은 예수님이 성령 체험 이후 성령에 이끌려 광야로 내몰리셨다고 증언합니다. 광야에서 40일 동안이나 금식하시고 사탄의 시험대 앞에 서셨다고 이야기합니다.

그러므로 예수님께 성령 임재는 모든 것의 완성이 아니었습니다. 예수님께 성령 임재는 권능이나 능력의 쟁취가 아니었습니다. 모든 문제의 해결이 아니었습니다. 예수님께 성령 임재는 '또 다른 곳으로의 인도'였습니다. 그곳은 다름 아닌 광야입니다. 예수님의 성령 체험은 한마디로 사탄의 시험대 앞으로 나아가는 것이었습니다.

이것이 무엇을 의미하는지 알기 위해 성령이 임재하시는 모습을 자세히 살펴보겠습니다. "그때에 예수께서 갈릴리 나사렛으로부터 와서 요단강에서 요한에게 세례를 받으시고 곧 물에서 올라오실새 하늘이 갈라짐과 성령이 비둘기같이 자기에게 내려오심을 보시더니"(막 1:9-10). 사도행전과 비슷하게 마가복음과 누가복음에서도 성령이 예수님께 임재하실 때 놀라운 사건이 일어났음을 증언합니다. '하늘이 갈라졌다'는 표현이 등장합니다. '성령이 비둘기같이 내려왔다'고 묘사합니다.

그런데 그다음부터가 사도행전과 다릅니다. 이어지는 내용은 하늘의 아버지이신 성부 하나님이 하신 말씀입니다. "하늘로부터 소리가 나기를 너는 내 사랑하는 아들이라 내가 너를 기뻐하노라 하시니라"(막 1:11).

사도행전의 성령 임재는 성령을 받은 사람들이 방언하며 소리치며 밖으로 나가는 모습으로 나타났습니다. 반면 마가복음에서 성령 임재는 예수님을 향해 말씀하시는 하나님의 자비한 음성을 듣는 것으로 시작되었습니다. 한 곳에서는 '증언'으로, 한 곳에서는 '들음'으로 성령 임재가 다르게 서술되고 있습니다.

예수님은 성령 임재 가운데 성부이신 하나님의 음성을 듣고 계셨습니다. 자신에 대한 정체성을 분명히 할 수 있는 하나님의 음성을 들으셨습니다. 자신이 누구인지, 곧 하나님의 사랑하는 아들이자 하나님의 큰 기쁨을 받은 자녀라는 사실을 깨달으신 순간이었습니다. 이것이 바로 예수님의 세례 때 나타난 성령 임재의 모습입니다.

저에게도 이러한 경험이 있습니다. 참으로 억울한 일을 많이 당해 마음 상해 있던 2007년 어느 날, 새벽기도를 하며 강대상 앞자리에 꿇어앉아 기도하고 있었습니다. 매우 짧은 시간이지만, 제게는 너무도 길게 느껴진 날들이었습니다. 기도하는 중에 제가 예수님의 무릎 위에서 기도하고 있다는 느낌을 받았습니다. 잠시 강렬한 빛이 제 눈을 자극했고, 강렬한 빛 너머로 예수님의 음성이 제 마음속에 들려왔습니다. "내가 너를 사랑한다. 너는 나의 사랑하는 아들이다. 내가 너를 기뻐한다."

저는 그 순간을 절대 잊을 수 없습니다. 저는 그때 그 자리에서 한껏 불평을 늘어놓고 있었습니다. 하지만 주님의 손길은 따뜻했고, 제 마음도 한없이 평안해졌습니다. 성령은 저에게 그렇게 다가오셨습니다. 사랑의 말로, 잔잔한 언어로, 조용한 음성 가운데 다가오셨습니다.

들음으로 주님을 만난 사람들이 있습니다. 들음으로 성령을 체험한 사람들이 있습니다. 바울이 그러했고, 성 어거스틴(St. Augustine)과 마르틴 루터(Martin Luther)가 그러했습니다. 그들에게 성령의 임재는 들음에서 시작되었습니다.

예수님은 성령 임재 가운데 성부 하나님을 만나셨습니다. 그리고 사랑스러운 아들을 향한 아버지 하나님의 감탄사를 들으셨습니다. "너는 내 사랑하는 아들이라 내가 너를 기뻐하노라." 얼마나 감동적인 말씀입니까? 그 순간은 예수님이 하나님의 마음을 알게 되고, 하나님을 느끼게 되고, 자신이 하나님의 뜻에 따라 태어난 존재임을 분명하게 깨달으신 순간이었습니다. 아마도 예수님은 "아버지 하나님, 감사합니다. 제가 여기 있습니다. 하나님이 저를 사랑하시니 제 마음은 기뻐 뛰놉니다"라고 하나님 앞에서 고백하셨을 것입니다.

그런데 그 또한 잠시였습니다. 성령은 예수님이 영적인 황홀경(ecstasy)에 매몰되시게 놔두지 않으셨습니다. 성령은 곧바로 예수님을 이끌고 광야로 나가셨습니다. 그러고는 극한의 경험을 하게 하셨습니다. "너는 내 사랑하는 아들이라 내가 너를 기뻐하노라"라는 감탄이 무색할 만큼, 성령은 예수님을 40일간이나 굶기셨습니다. 배고프게 하셨고, 기진맥진하게 만드셨으며, 인간의 모든 나약함이 드러나게 하신 후 사탄 앞에 세워 놓으셨습니다. 성령이 하신 일입니다.

그렇게 예수님은 사탄의 유혹 앞에서 결정적인 순간을 맞이하셨습니다. 사탄은 "이 돌들에게 명하여 떡이 되게 하라"(눅 4:3)하며 예수님을 유혹했습니다. 예수님께 주어진 신비한 능력을 스스로를 위해 사용하라는 주문이었습니다. 물론 예수님은 얼마든지 그렇게 하실 수 있었습니다. 하지만 그것이 예수님이 이 땅에 오신 목적이 아니었기에 유혹을 단호하게 말씀으로 거절하셨습니다.

사탄은 또다시 예수님께 천하만국을 보여 주며 "네가 만일 내게 절하면 다 네 것이 되리라"(눅 4:7)라고 유혹했습니다. 그때도 예수님은 자신이 오직 한 분이신 하나님께만 예배하기 위해 이 땅에 왔다는 결의를 다지시며 사탄에게 절하지 않았습니다.

마지막으로, 사탄은 성전 꼭대기에 예수님을 세우고 "네가 만일 하나님의 아들이어든 여기서 뛰어내리라"(눅 4:9)라고 유혹했습니다. 하지만 예수님은 하나님을 향한 신앙을 포기하시지 않고 "주 너의 하나님을 시험하지 말라"(눅 4:12)라고 말씀하심으로 유혹을 이겨 내셨습니다.

이 광야에서의 시험이 예수님께 어떤 의미가 있었을까요? 예수님은 광야에서 사탄의 시험을 받으시며 '나는 누구인가? 무엇 때문에 사는 존재인가? 앞으로 무엇을 위해 살 것인가? 누구를 경배하며 살 것인가? 앞으로 어떤 태도와 자세로 살아갈 것인가?'를 결정하셨습니다. 이것이 바로 광야에서 예수님이 하신 일입니다.

광야 같은 삶의 자리에서도
성령이 우리와 함께하십니다

우리는 종종 성령의 임재를 광야에서 맞이하는 경험을 하곤
합니다. 성령이 우리에게 "너는 내 사랑하는 아들이라 내가 너를
기뻐하노라"라는 하나님의 음성을 마음에 새겨 주시고는, 우리
를 곧장 광야로 이끄실 때가 있습니다. 그럴 때면 하나님이 나를
정말 사랑하시는지, 나를 정말 기뻐하시는지 의구심이 들 정도
입니다.

예수님께도 성령은 그렇게 역사하셨습니다. 40일간 금식하는
자리에 나아가게 하셨고, 생존의 위협을 받는 자리까지 몰아가
셨습니다. 모든 힘이 빠지며 극도의 고통을 경험하는 자리로 인
도하셨습니다. 깊은 슬픔의 자리에 들어서게 하셨으며, 모든 것
을 잃어버리는 비극을 경험하게 하셨고, 영혼의 갈증으로 심히
목마르게 하셨습니다.

성령은 예수님께 그러하셨듯이 우리를 사탄 앞에 세우십니
다. 사탄은 온갖 유혹으로 우리를 쓰러뜨리고자 합니다. "돌로
떡이 되게 하라", "나에게 절하면 모든 것을 네게 주리라", "하나
님을 경배하지 말고, 하나님을 의지하지 말고, 차라리 나를 의지
하라" 하며 계속해서 미끼를 던집니다.

광야에 선 우리는 배고프고, 지쳐 있으며, 힘이 다 빠져 있습

니다. 그런데 바로 그 자리, 광야의 자리에 성령이 함께하고 계십니다. 그 고통의 자리에서 우리는 고민합니다. '떡으로 살 것인가, 하나님의 말씀으로 살 것인가? 권력을 얻기 위해, 유명해지기 위해 살 것인가, 아니면 하나님을 경배하고 영원하신 하나님께 감사하며 살 것인가? 어떻게 나의 믿음을 고백하며 살아갈 것인가?' 그리고 광야에서 결단을 하게 됩니다. 그곳에 성령이 계십니다.

우리는 하나님이 계시지 않은 것 같은 자리에서 우리의 신앙을 결정할 때가 있습니다. '그럼에도 불구하고 나는 주님을 믿고 경배해야지.' 바로 그 결단의 순간, 바로 그 자리에 성령이 함께 하십니다.

예수님의 성령 체험 과정에서 드러나신 성령은 어떠한 능력을 부여하시는 분이라기보다는 끊임없이 우리를 이끄시고 인도하시는 분입니다. 누가복음에 따르면, 예수님은 광야에서 시험을 받으신 후 갈릴리로 돌아오셔서 이렇게 말씀하셨습니다. "주의 성령이 내게 임하셨으니 이는 가난한 자에게 복음을 전하게 하시려고 내게 기름을 부으시고 나를 보내사 포로 된 자에게 자유를, 눈먼 자에게 다시 보게 함을 전파하며 눌린 자를 자유롭게 하고 주의 은혜의 해를 전파하게 하려 하심이라"(눅 4:18-19). 이 말씀에 따르면, 성령은 예수님을 광야로 이끄신 후 다시 가난한 자, 포로 된 자, 눌린 자에게로 보내시는 분입니다. 이것이 바로 성령이 일하시는 방식입니다.

우리는 지금까지 성령 강림을 하나님의 능력과 힘과 관련해 생각할 때가 많았습니다. 사도행전 1장 8절을 근거로, 성령을 받으면 권능을 받고 모든 문제가 해결되는 꿈을 꿀 때가 많았습니다.

그러나 우리는 다시 한 번 살펴볼 필요가 있습니다. "오직 성령이 너희에게 임하시면 너희가 권능을 받고 예루살렘과 온 유대와 사마리아와 땅 끝까지 이르러 내 증인이 되리라 하시니라"(행 1:8). 여기서 "너희가 권능을 받고"라는 말씀을 괄호로 묶고 다시 한 번 읽어 보십시오. "오직 성령이 너희에게 임하시면 (너희가 권능을 받고) 예루살렘과 온 유대와 사마리아와 땅 끝까지 이르러 내 증인이 되리라." 성령이 임하시면 우리를 예루살렘으로 보내시고, 온 유대로 보내시며, 사마리아와 땅 끝으로 이끄실 것이라는 말씀입니다. 그곳에서 우리가 예수님의 증인이 될 것이라고 말합니다.

성령은 우리를 '보내시는' 분입니다. 성령은 우리를 광야로 이끄시고, 갈릴리와 애굽, 사마리아와 땅 끝으로 인도하시는 분입니다. 그리하여 우리를 포로 된 자, 가난한 자, 눌린 자에게 보내시며 인도하시는 분입니다.

언젠가 모스크바에서 열린 선교대회에 참석해 은혜의 말씀을 나누는 기회를 가졌습니다. 250여 명의 선교사님들과 부부 및 자녀들이 함께했습니다. 러시아, 우즈베키스탄, 타지키스탄, 카

자흐스탄 등 다양한 국가에서 참석했습니다. 그 땅에서 사역한 지 20년, 30년, 40년이 되어 가는 분들이었습니다.

선교사님들이 처음 선교지에 가겠다고 했을 때 어떤 마음이었을까요? 아마 그들에게 하나님을 만난 극적인 체험이 있었을 것입니다. 예수님이 세례를 받으시던 그때처럼 "너는 내 사랑하는 아들이라 내가 너를 기뻐하노라"라는 말씀에 기뻐하고 "하나님, 어디든지 가겠습니다" 고백하며 나아갔을 것입니다. 그들이 간 곳은 광야였고, 예루살렘이었으며, 땅 끝과 같은 곳이었습니다.

그리고 그 땅에서 사역한 지 수십 년이 흘렀습니다. 그들은 그동안 화려한 옷을 입지 못했고, 그들 중에는 많이 지친 이들도 있었습니다. 삶이 참으로 고단해 보였습니다. 그동안 목회하는 것, 선교를 감당하는 것이 결코 쉽지 않았을 것입니다. 때로는 자녀에 대한 걱정과 여러 염려가 몰려왔을 것입니다. 배우자 중 약 80%가 우울증을 비롯한 다양한 병에 노출되어 있다는 이야기도 들었습니다.

그런데 저는 그곳에서 또 다른 은혜를 누렸습니다. 그들이 그 광야 같은 상황 속에서도 눈물로 기도하고 찬양하는 모습을 보았던 것입니다. "나는 주님 앞에서 주님의 종으로서 돌이 떡이 되게 하지 않겠습니다. 나는 사탄을 경배하지 않겠습니다. 오직 하나님만을 경배하겠습니다. 하나님만을 따라 하나님을 시험하지 않으며, 하나님 앞에 온전한 삶을 드리겠습니다." 그들은 이 약속을 그 어려운 환경 가운데서 지켜 가고 있었습니다. 저는 그곳이 바로 성령이 함께하시는 자리로 보였습니다.

하나님의 성령은 강력한 능력이나 강력한 소리로만 등장하는 것이 아닙니다. 광야에서 예수 그리스도를 믿는 믿음을 지탱해 나가는 그 험난한 자리에도 성령이 함께 계십니다.

마가의 다락방에서 있었던 성령의 체험만을 구하지 마십시오. 예배 현장에서만, 뜨거운 찬양 가운데서만 성령의 임재를 구하지 마십시오. 힘들게 살아 내는 광야의 삶 가운데, '하나님이 계시는가, 계시지 않는가'를 고민하게 되는 그 자리에, 사탄이 우리를 유혹하고 있는 그곳에 성령이 함께 계시고 우리를 인도하고 계신다는 사실을 기억하기 바랍니다.

유대 땅에도 계시고 예루살렘과 땅 끝에도 계시는 성령, 포로된 자와 가난한 자와 눌린 자와도 함께하시는 성령, 그 거룩하신 성령의 능력이 우리 모두와 함께하기를 바랍니다. 우리가 어디에 있든지 그 귀중하신 성령을 보게 되기를 원합니다. 고난의 현장에서, 그리고 광야에서 함께하시는 그분을 우리의 영의 눈을 떠 볼 수 있기를 간절히 바랍니다.

거룩하신 하나님,

우리 주님이 승천하시며 약속하신 성령님을

우리에게 보내 주시옵소서.

우리가 성령 안에서 참 평안과 기쁨을 누리며

안식을 얻게 하여 주시기를 원합니다.

하나님, 세상의 다른 사람이 변화되어야 할 것은

수없이 나열하면서도

정작 우리 자신이 어떻게 변화되어야 하는지에 대해서는

생각하지 못할 때가 많습니다.

남의 눈의 티는 그렇게 잘 보면서도

내 눈의 들보는 보지 못하는 어리석은 우리입니다.

자기 자신에 대한 개혁은 없고,

나 자신의 변화는 생각하지 못하는

교만한 우리를 불쌍히 여겨 주시옵소서.

우리의 이기심과 죄성을 긍휼히 여겨 주시옵소서.

주님을 믿는다고 하면서도 제대로 믿지 못한 죄,

사랑한다고 하면서도

바르게 사랑하지 못한 죄악이 우리에게 있습니다.

거룩하신 성령님이 우리에게 오시고,

우리를 거룩한 변화의 자리로 이끌어 주시옵소서.

하나님의 뜻을 따라 살아가는

참된 주님의 자녀들이 되게 하여 주시옵소서.

10장

다시 가나안으로

: 머묾

그가 그곳에서 여호와께 제단을 쌓고
여호와의 이름을 부르더니
점점 남방으로 옮겨갔더라
창 12:1-9

아브라함은 꿈의 땅 가나안에
너무 쉽게 도달했습니다

성경에 여러 지명이 등장하는데, '가나안'처럼 의미 있고 귀
히 여겨지는 땅은 없을 것입니다. 가나안은 이스라엘 백성에게
주어진 약속의 땅입니다. 하나님이 이스라엘 백성에게 허락하
신 땅이요, 선물로 주신 축복의 땅입니다. 하나님이 아브람(아브
라함)에게 "너는 너의 고향과 친척과 아버지의 집을 떠나 내가 네
게 보여 줄 땅으로 가라"(창 12:1)라고 말씀하셨을 때 하나님이 이
끌고 가시고자 한 땅이 가나안이었으며, 모세가 애굽에서 이스
라엘 민족을 인도해 도달하려 했던 목적지 역시 가나안이었습
니다.

다시 말하지만, 가나안은 '약속의 땅'을 의미합니다. 영적으
로 고향과 같은 땅이자 축복의 땅입니다. 또한 이 세상에서 누릴

분깃을 얻을 수 있는 땅이며, 동시에 장차 하늘나라에서 차지하게 될 궁극적인 땅을 의미하기도 합니다. 이와 같은 맥락에서 본다면, 우리는 모두 자신에게 주어진 가나안 땅을 향해 가고 있는 존재라고 말할 수 있을 것입니다.

이스라엘 백성은 가나안 땅이 젖과 꿀이 흐르는 땅이라고 생각했습니다. 먹을 것과 물이 풍부해서 모든 것이 만족스러운 땅이라고 여겼습니다. 따라서 그들은 언제나 가나안 땅에 들어가고자 하는 마음을 품었습니다. 그런데 성경을 읽다 보면, 이처럼 멋진 가나안, 하나님의 약속의 땅이 이스라엘 백성에게 쉽게 열리지 않았다는 사실을 알게 됩니다.

모세는 이스라엘 백성과 더불어 가나안에 들어가기를 원했으나, 결국 들어가지 못했습니다. 모세를 따라나섰던 이스라엘 백성 가운데 여호수아와 갈렙을 제외하고는, 출애굽 1세대 중 누구도 가나안 땅에 들어가지 못했습니다. 광야에서 40년을 보낸 후에야 이스라엘 백성의 다음 세대가 가나안 땅에 들어갈 수 있었습니다. 즉 출애굽 1세대인 이스라엘 백성에게 가나안은 도달하지 못한 땅이요, 차지하지 못한 꿈의 땅이 되고 말았습니다. 꿈은 꾸었지만 얻지 못한 땅인 것입니다. 그것이 바로 '가나안'이라 불리는 땅입니다.

그런데 흥미롭게도, 창세기 12장 1-9절에 기록된 아브람의 이야기에 등장하는 가나안 땅은 조금 다르게 표현되고 있습니다. 말씀을 읽고 묵상하던 중 한 구절이 마음에 크게 다가왔습니다. "아브람이 그의 아내 사래와 조카 롯과 하란에서 모은 모든 소유와 얻은 사람들을 이끌고 가나안 땅으로 가려고 떠나서 마침내 가나안 땅에 들어갔더라"(창 12:5).

말씀을 읽던 중 '아, 이런 말씀도 있었구나'라는 생각이 들었습니다. 이 말씀은 무슨 뜻일까요? 너무 간단하지 않습니까? 가나안 땅으로 가기 위해 떠나서 마침내 가나안 땅에 들어갔다는, 사실 그대로의 내용입니다. 그런데 어찌 보면 아브람은 허무하게 느껴질 만큼 너무 쉽게 가나안 땅에 들어갔음을 알게 됩니다.

이제 아브람이 들어간 가나안 땅에 대해 생각해 보겠습니다. '모세와 가나안' 혹은 '이스라엘과 가나안'이 아니라, '아브람과 가나안'은 어떤 의미가 있을까요?

그 의미를 찾기 위해서는 먼저 배경을 살펴볼 필요가 있습니다. 가나안 땅은 사실 아브람이 들어가려고 했던 땅이라기보다 그의 아버지 데라가 들어가고자 한 땅입니다. "데라가 그 아들 아브람과 하란의 아들인 그의 손자 롯과 그의 며느리 아브람의 아내 사래를 데리고 갈대아인의 우르를 떠나 가나안 땅으로 가고자 하더니 하란에 이르러 거기 거류하였으며 데라는 나이가 이백오 세가 되어 하란에서 죽었더라"(창 11:31-32).

데라는 가나안을 꿈꾸었지만, 결국 가나안에 들어가지 못하고 세상을 떠났습니다. 목적지는 가나안이었습니다. 그러나 가나안에 도달하지는 못했습니다. 가나안에서 살아 보지 못한 채 하란에서 자신의 생을 마감한 사람이 아브람의 아버지 데라입니다. 그는 출애굽 후 광야에서 40년을 보내고 가나안에 들어가지 못한 이스라엘 백성과 동일한 운명이었던 것입니다.

만약 가나안을 '이 세상에서 누리는 분깃의 땅'이라고 명명한다면, 우리는 자신의 죄와 나약함, 불신, 실수, 또는 여러 환경 때문에 가나안에 들어가지 못하는 삶을 살아가는, 그리고 그렇게 삶을 마감한 사람들을 주위에서 종종 보게 됩니다.

그런 사람들은 참 불행하지 않습니까? 그들은 이 세상에 태어나 자신의 땅을 밟아 보지 못한, 참으로 안타까운 사람들입니다. 데라도 그러했습니다. 그렇다고 데라의 삶이 무의미하고 무가치하다고 말하기는 어려울 것입니다. 데라는 갈대아 우르를 과감히 떠난 용기 있는 사람이었습니다. 그가 갈대아 우르를 떠나 하란에 도달했기에 그의 아들 아브람과 자손들이 가나안에 쉽게 들어갈 수 있었습니다. 그러므로 데라의 삶도 큰 의미가 있습니다.

아브라함은 마침내 방향을 틀어
다시 가나안으로 들어갔습니다

창세기 12장 1절은 하나님이 아브람을 택하셔서 그에게 복을 주시며 그를 소명하신 유명한 말씀입니다. "여호와께서 아브람에게 이르시되 너는 너의 고향과 친척과 아버지의 집을 떠나 내가 네게 보여 줄 땅으로 가라." 하나님의 명령이 주어졌습니다. 하나님은 이 명령과 더불어 하나님의 복도 말씀해 주셨습니다. "내가 너로 큰 민족을 이루고 네게 복을 주어 네 이름을 창대하게 하리니 너는 복이 될지라"(창 12:2).

아브람은 하나님의 명령과 하나님의 축복의 말씀을 가지고 가나안 땅으로 향했습니다. 하나님이 말씀하신 곳, 하나님이 보여 주실 그 땅으로 나아갔습니다. "이에 아브람이 여호와의 말씀을 따라갔고 롯도 그와 함께 갔으며 아브람이 하란을 떠날 때에 칠십오 세였더라"(창 12:4).

그리고 이어지는 5절은 앞서 설명한 바로 그 말씀, 즉 흥미로우면서도 재미있는, 그러면서도 조금 허무한 내용입니다. "아브람이 그의 아내 사래와 조카 롯과 하란에서 모은 모든 소유와 얻은 사람들을 이끌고 가나안 땅으로 가려고 떠나서 마침내 가나안 땅에 들어갔더라"(창 12:5).

아브람은 가나안 땅으로 향했고, 마침내 가나안 땅에 들어섰습니다. 모세와 이스라엘 백성은 가나안 땅에 들어서기 위해 40년을 기다려야 했습니다. 그런데 아브람은 그 즉시 가나안 땅에 들어갔습니다.

그런데 이보다 흥미롭고 호기심을 자극하는 이야기가 이후에 전개됩니다. "아브람이 그 땅을 지나 세겜 땅 모레 상수리나무에 이르니 그때에 가나안 사람이 그 땅에 거주하였더라 여호와께서 아브람에게 나타나 이르시되 내가 이 땅을 네 자손에게 주리라 하신지라 자기에게 나타나신 여호와께 그가 그곳에서 제단을 쌓고"(창 12:6-7).

아브람은 가나안에 도착했습니다. 그런데 가나안에 도착한 후 바로 그 땅을 지나쳤습니다. 아브람은 목적지인 가나안을 지나가 세겜을 향해 내려갔습니다. 그때 하나님이 나타나셔서 "내가 이 땅을 네 자손에게 주리라"라고 말씀하셨습니다. 마치 아브람의 진행을 막기라도 하시는 듯합니다. 또한 성경은 "가나안 사람이 그 땅에 거주하였더라"라고 전하며, 세겜 땅 역시 가나안 땅의 일부였음을 알려 줍니다.

만약 이쯤에서 아브람이 멈췄더라면, 그는 가나안에 정착한 사람이 되었을 것입니다. 그런데 이해할 수 없는 내용이 바로 뒤에 이어집니다. "거기서 벧엘 동쪽 산으로 옮겨 장막을 치니 서쪽은 벧엘이요 동쪽은 아이라 그가 그곳에서 여호와께 제단을 쌓고 여호와의 이름을 부르더니"(창 12:8). 아브람은 벧엘 동쪽 산으로 옮겨 가 장막을 친 후 그곳에 머물렀습니다. 그리고 그곳에서 여호와의 이름을 불렀습니다.

이 말씀에는 하나님이 그 장소에 나타나셔서 "내가 너에게 이 땅을 주리라"라고 말씀하셨다는 기록이 없습니다. 그럼에도 불구하고 아브람은 가는 곳마다 여호와의 이름을 불렀으며, 여호와의 이름으로 제단을 쌓았습니다. 그는 계속해서 남으로, 남으로 방향을 틀어 내려갔습니다.

이쯤 되니 '가나안 땅은 과연 하나님이 약속하신 땅이었을까?' 하는 의문이 생깁니다. 그리고 이어지는 내용은 더욱 아쉽습니다. 9절에서 "점점 남방으로 옮겨 갔더라"라는 내용이 이어지기 때문입니다. 아브람은 지금 가나안 땅을 지나쳤습니다. 세겜과 벧엘, 아이를 지나쳤습니다. 그리고 더욱 남방으로 내려갔습니다.

아브람이 왜 가나안에 머물지 못하고 계속 다른 땅을 찾아 움직였는지 궁금해집니다. 분명히 하나님은 아브람에게 가나안 땅을 주겠다고 말씀하셨는데, 그는 그곳에 머물지 않았습니다. 그리고 결국 네게브라는 땅에 이르렀고, 그곳에서 기근을 만났습니다. "그 땅에 기근이 들었으므로 아브람이 애굽에 거류하려고 그리로 내려갔으니 이는 그 땅에 기근이 심하였음이라"(창 12:10). 이제 아브람은 애굽으로 내려갔습니다.

아브람은 약속의 땅을 지나쳤습니다. 더욱이 그는 기근이 들었을 때 약속의 땅으로 돌아가지 않고 애굽 땅으로 더 멀리 방향을 틀었습니다. 성경은 그 이후의 이야기를 우리에게 전해 줍니다.

아브람과 그의 아내 사래는 애굽에 들어갔습니다. 그런데 아브람은 아내 사래의 미모 때문에 걱정하는 처지가 되었고, 사래를 누이라고 속였습니다. 바로왕은 사래의 아름다움을 보고 그녀를 궁중으로 끌어들였습니다. 이 일로 인해 하나님이 진노하시어 바로의 왕궁에 재앙을 내리셨습니다. 이처럼 하나님이 개입하심으로 마침내 아브람과 사래는 애굽을 벗어날 수 있었습니다.

여기까지 보면, 아브람이 하나님이 약속하신 땅을 지나쳤고, 다른 땅에서 도리어 많은 고난과 어려움을 당했다는 것을 알 수 있습니다. 그제야 아브람은 방향을 틀어 약속의 땅으로 돌아왔습니다.

창세기 13장은 그 과정을 자세히 설명해 줍니다. 아브람은 네게브로 돌아왔습니다. 그리고 다시 네게브를 떠나 벧엘과 아이 사이로 올라왔습니다. 가나안을 떠나 처음으로 예배드렸던 그 장소입니다. 한편 벧엘과 아이 사이에서 롯의 목자들과 아브람의 목자들 사이에서 분쟁이 일어났고, 그들은 서로 자신이 원하는 장소를 찾아 떠나게 되었습니다.

"아브람은 가나안 땅에 거주하였고"(창 13:12상). 드디어 아브람은 하나님이 약속하신 땅, 하나님이 이끌어 주신 바로 그 땅으로 돌아오게 되었습니다.

하나님이 약속하신 땅을 향해
믿음의 경주를 완주합시다

지금까지 이야기를 정리해 보겠습니다. 하란을 떠난 아브람은 가나안에 도착했습니다. 그런데 아브람은 가나안에 머물지 않고, 다른 땅을 찾아 내려갔습니다. 벧엘을 지나 네게브로, 네게브를 지나 애굽으로 내려갔습니다. 애굽은 이 세상의 화려함을 상징합니다. 세상성의 상징입니다. 하나님이 허락하신 땅이 아니라, 이 세상에서 가장 화려한 장소로 대표됩니다. 그러나 그 땅은 약속의 땅이 아니었습니다. 그저 보암직한 땅일 뿐이었습니다. 아브람은 애굽에서 고난당한 후 다시 약속의 땅으로 향했습니다. 네게브를 지나고, 벧엘로 가서, 가나안 땅으로 돌아왔습니다.

이 과정을 묵상하면서 우리의 인생 여정이 떠올랐습니다. 우리는 아브람을 가리켜 '믿음의 조상'이라고 합니다. 아브람을 믿음의 조상이라고 부르는 수많은 이유 중에서 두 가지를 꼽자면, 첫째는 그가 하나님께 자신의 아들 이삭을 바쳤기 때문입니다. 둘째는 그가 하나님의 부르심을 따라 고향과 친척과 아버지의 집을 떠나 하나님이 지시하실 땅으로 나아갔기 때문입니다.

그래서 히브리서 11장 8절은 아브람에 대해 다음과 같이 증언합니다. "믿음으로 아브라함은 부르심을 받았을 때에 순종하여 장래의 유업으로 받을 땅에 나아갈새 갈 바를 알지 못하고 나아갔으며." 아브람이 하나님의 말씀에 순종해 떠난 것을 높이 평가하고 있습니다. 다시 말해, 아브람의 믿음은 하나님의 말씀을 따라 떠난 것에 있습니다. 장래의 유업으로 받을 땅에 나아갈 수 있던 용기가 그의 믿음이었습니다.

그런데 창세기 12장을 읽다 보면, 아브람에게 한 가지 부족한 점이 있음을 알게 됩니다. 아브람은 순종하며 떠나는 일에는 성공했지만, 하나님이 주시고자 하신 땅에 '정착'하기까지는 많은 어려움을 겪어야 했습니다. 떠나는 것도 중요하지만, 정착하는 것도 매우 중요합니다. 아브람은 하나님이 주신 땅, 복을 약속해 주신 땅에 정착하지 않았습니다. 오히려 남방으로, 남방으로, 그리고 세속의 도시인 애굽까지 내려갔습니다.

고향과 친척과 아버지의 집을 떠나는 것도 중요합니다. 그러나 떠나는 이유가 하나님이 주시는 약속의 땅에 정착하기 위함이라는 사실을 잊어서는 안 됩니다. 하나님이 주신 땅에 정착하기 위해 떠나는 것이지, 무작정 떠나는 것이 결코 아닙니다. 그저 출발만 한다면, 그리고 무작정 떠나는 것이라면 그는 방랑자이자 여행자일 뿐입니다. 출발에만 방점이 찍히면 그렇습니다.

우리가 하나님과 함께 출발하는 이유는 하나님과 함께 정착하기 위함입니다. 하나님과 함께 나서는 이유는 하나님이 지시하시는 땅에서 하나님과 사귀기 위함입니다. 그런데 아브람은 정착과 머묾에 실패하고 말았습니다.

그렇다면 아브람은 과연 무엇 때문에 가나안 땅에 머물지 않았을까요? 첫 번째로 드는 생각은 '아브람이 가나안 땅에 너무 일찍 들어갔기 때문이 아닐까?' 하는 것입니다. 가나안 땅이 너무 쉽게 주어지자, 아브람은 그 땅에 만족하지 못했던 것 같습니다. 따라서 그는 더욱더 앞으로 나아갔습니다. 하나님이 세겜에서 "이 땅을 네 자손에게 주겠다"고 말씀하셨음에도 아브람은 만족하지 못하고 또 다른 땅을 향해 내려갔습니다. 아브람은 여호와의 이름을 들고 계속해서 제단을 쌓으며 남으로, 남으로 내려갔습니다.

앞서 언급했듯이, 가나안은 하나님이 우리에게 분깃으로 주신 땅으로 해석할 수 있습니다. 하나님이 인도하시어 이르게 하시는 축복의 땅입니다. 그렇다면 그 '가나안'을 우리의 삶에 적용한다면 무엇이 될까요? 은유적으로 말한다면, 우리의 사업일 수도 있고, 가정 혹은 재산일 수도 있으며, 어떤 지위일 수도 있을 것입니다. 지리적으로 말한다면, 미국이나 호주, 한국일 수도 있을 것입니다. 교회일 수도 있고, 직장일 수도 있습니다.

종종 하나님이 허락해 주신 땅에 하나님과 함께 있음에도 불구하고 그 땅을 떠나려는 사람들을 보게 됩니다. 그리고 그것을 마치 큰 신앙의 결단처럼 생각하는 모습도 보입니다. 때로는 하나님이 원하시는 출발일 수도 있습니다. 하지만 그렇지 않을 수도 있습니다. 가나안을 지나칠 수도 있다는 뜻입니다.

아브람이 가나안에 정착하지 않은 두 번째 이유는, 그곳에 가나안 사람들이 살고 있었기 때문입니다. 아마도 아브람은 사람들이 없는 빈 땅, 비옥한 땅을 원했을지도 모릅니다. 하나님이 아브람에게 이 땅을 주겠다고 말씀하셨을 때 그는 그 말씀을 현실로 받아들이기보다 미래형으로 이해했던 것 같습니다. 왜냐하면 현실적으로 그 땅에는 지금 가나안 사람들이 살고 있었기 때문입니다. 그래서 아마도 아브람은 이렇게 생각했을 것입니다. '하나님이 이 땅을 장래에 우리 자손에게 주시겠구나. 감사한 일이다. 그러나 오늘은 아니구나. 왜냐하면 이미 다른 사람들이 살고 있으니까. 이제 나는 빈 땅을 찾아야겠다.' 어쩌면 이것이 아브람으로 하여금 남으로, 남으로 전진하게 만든 이유였을 것입니다.

아브람은 남으로 내려갔습니다. 아브람이 상상한 가나안은 사람들이 없는 땅이었을 것입니다. 우리도 그런 생각을 합니다. '하나님이 내게 주시는 땅은 빈 공간으로서, 나만 존재하는 쾌적한 자리, 행복한 자리일 것이다. 어쩌면 블루오션과 같은 자리가 아닐까?' 이런 생각을 하며 약속의 땅을 기다리는 사람들이 많이 있습니다. 그런데 하나님이 아브람에게 베풀어 주신 가나안 땅은 가나안 사람들이 빽빽이 살고 있는 공간이었습니다. 하나님은 아브람을 그곳으로 데려가셔서 "이 땅이 바로 내가 약속한 땅이다"라고 말씀하셨습니다.

먼 훗날 이스라엘 민족이 출애굽한 후 가나안에 들어갔을 때도 마찬가지였습니다. 요단 동편과 서편에 살고 있던 수많은 사람을 내쫓는 오랜 과정이 출애굽 이후에도 계속되었음을 우리는 성경을 통해 알고 있습니다. 약속의 땅 가나안은 결코 빈 땅이 아닙니다. 우리가 뿌리를 내리고 생존하며 버텨 내야 하는 땅입니다.

세 번째로 아브람이 가나안에 정착하지 못한 이유는 가나안에 기근이 들었기 때문입니다. 아브람은 기근이 들자 약속의 땅을 버리고 애굽으로 내려갔습니다. 어쩌면 당연한 일입니다. 그런데 문제는 그 땅이 하나님이 약속하신 땅이었다는 데 있습니다. 척박한 기후 속에서 견뎌 내야 하는 땅, 기근도 종종 오는 땅이 바로 가나안입니다. 하나님의 뜻이 이루어질 것을 기대하면서 참아 내야 하는 땅이 바로 가나안, 곧 약속의 땅입니다. 여기에 우리의 과제가 있습니다.

가나안은 우리가 열심히 일해서 차지해야 할 땅이지, 공짜로 얻어지는 빈 땅이 아닙니다. 약속은 있지만 노력이 필요한 땅입니다. 기근도 있는 땅입니다. 그러나 그 기근을 견뎌야 하는 땅입니다. 하지만 그 땅에는 축복이 있습니다. 하나님이 내려 주신 미래가 있습니다.

우리의 가나안 땅은 어디입니까? 혹은 누구이며, 무엇입니까? 그 땅에서 수고함으로 복을 누리는 것, 약속을 성취해 가는 것이 바로 오늘 하나님이 우리에게 약속의 땅을 주신 이유임을 기억하기 바랍니다. 가나안 땅은 우리가 있는 그 땅입니다. 그 땅에서 주님의 은혜를 누리기를 간절히 바랍니다.

하나님, 우리는 주님의 선택된 백성이오나,

우리가 이 세상에서 믿음을 드러내며 살아 내기가 얼마나 어려운지요.

주님의 백성답게 살지 못하고,

우리의 믿음조차 소신껏 표현하지도 못해

안타깝고 부끄러운 마음이 큽니다.

순교의 신앙을 부러워하면서도

정작 우리는 세상을 향해

하나님을 증언하거나 복음을 전하는 일에 게을렀음을

통회하는 심정으로 고백합니다.

주님이 이미 우리에게 많은 것을 약속해 주셨고

주님의 은총을 받고 은혜 안에 살면서도

그 은혜를 깨닫지 못하고 늘 불만족했던

우리의 모습을 긍휼히 여겨 주시옵소서.

베풀어야 할 사람이 아직 움켜쥐고 있으며,

나누어야 할 사람이 아직 취하고 있고,

사랑할 사람이 미워하고 있으며,

일해야 할 사람이 쉬고 있습니다.

주님, 주님이 우리의 온전하지 못함과 죄악을 아십니다.

용서해 주시며 우리를 고쳐 주시옵소서.

11장

'어떤 곳'이 아니라 '바로 그곳'으로

: 알아봄

그곳 이름을 벧엘이라 하였더라
이 성의 옛 이름은 루스더라

창 28:10-19

도망자 야곱에게
벧엘은 지나쳐 가는 '어떤 곳'이었습니다

야곱의 이야기는 우리에게 흥미를 불러일으킵니다. 그 가운데 야곱이 팥죽 한 그릇으로 형 에서에게서 장자권을 산 이야기는 모르는 사람이 없을 정도입니다. 야곱은 형이 사냥 나간 틈을 타 어머니 리브가의 도움으로 눈이 잘 보이지 않는 아버지 이삭까지 속이며 장자의 축복을 받았습니다. 사냥하고 돌아온 에서는 이 사실을 알고는 야곱을 미워하게 되었고, 마음 깊이 '아버지가 돌아가시면 야곱을 죽이겠다'는 결심을 품었습니다(창 27:41).

아버지 이삭은 야곱에게 밧단아람에 가서 외삼촌 라반의 딸들 가운데 아내를 맞이하라고 했습니다. 형식적으로 보면, 야곱이 아내를 얻기 위해 떠나는 여행이었으며, 결혼해 가족을 이루기 위한 여정이었습니다. 그러나 실제적으로는, 당시 야곱을 죽이려는 에서의 손에서 벗어나기 위한 탈출이었습니다.

야곱의 아버지 이삭은 아내를 어떻게 얻었습니까? 아브라함이 종을 보내 리브가를 이삭의 아내로 맞아 오도록 했습니다. 당시 아브라함의 종은 많은 종과 사환뿐만 아니라 가축과 재산을 가지고 여행을 떠났습니다. 그러나 야곱의 경우는 다릅니다. 그는 종들과 함께 떠나지도 않았고, 복장은 단출했으며, 더욱이 몸만 가지고서 참으로 불쌍하고 처량한 모습으로 떠났습니다. 창세기 28장 10절은 그 장면을 우리에게 보여 줍니다. "야곱이 브엘세바에서 떠나 하란으로 향하여 가더니."

이후 11절 상반 절, "한 곳에 이르러는 해가 진지라"라는 말씀에서는 흥미로운 단어가 눈에 띕니다. 당시 야곱이 잠을 자게 된 땅은 '루스'라는 곳이었습니다. 브엘세바에서 루스까지는 약 90km 떨어져 있었습니다. 아마 당시 야곱은 하루 혹은 이틀을 걷고 또 걸으며 그곳을 지나치고 있었을 것입니다. 그 여정 가운데 밤을 맞게 된 것입니다.

개역개정성경은 "한 곳에 이르러는"이라고 담담히 야곱의 여정을 묘사하고 있습니다. "야곱이 길을 가다 한 곳에 이르러 밤을 보내게 되었다"라고 말입니다. 그러나 이 부분을 새번역성경은 다음과 같이 기록하고 있습니다. "어떤 곳에 이르렀을 때에, 해가 저물었으므로, 거기에서 하룻밤을 지내게 되었다." 처량한 느낌이 물씬 나는 장면입니다.

더욱 안쓰러운 장면은 11절 하반 절의 내용입니다. "거기서 유숙하려고 그곳의 한 돌을 가져다가 베개로 삼고 거기 누워 자더니." 땅바닥의 돌을 베개로 삼아 잠을 청한 야곱입니다. 얼마나 애처롭습니까? 형 에서에게 장자권을 사고, 형이 받을 장자의 축복을 가로챈 야곱의 현실은 사실 참으로 비참했습니다. 마치 도망자처럼 홀로 광야에 섰습니다. 혼자서 겉옷을 담요 삼고 돌베개를 베고 누웠습니다. 하늘에는 별이 찬란히 빛나고 있었을 것입니다.

하지만 야곱은 밖에 나다니기를 좋아하는 사람이 아니었습니다. 사냥을 좋아하지도 않았습니다. 그저 어머니를 도와 음식 만들기를 좋아하는 아들이었고, 조용한 성격의 사람이었습니다. 그런 그가 지금 밖에 있습니다. 그것도 홀로 광야에 있습니다. 홀로 여행한다는 것은 목숨을 건 위험한 일입니다. 두려움도 있었을 것입니다. 맹수에 대한 두려움, 강도의 위협을 당할 것에 대한 걱정도 있었을 것입니다. 아마도 야곱은 그와 같은 걱정과 두려움, 그리고 '앞으로 내 미래가 어떻게 될까?' 하는 불안 속에서 밤새 뒤척였을 것입니다.

그런데 야곱은 그곳에서 놀라운 꿈을 꾸었습니다. 사닥다리가 땅 위에 서 있는데, 그 꼭대기가 하늘에 닿았습니다. 하나님의 사자들이 그 위를 오르락내리락하는 모습도 보였습니다. 게다가 또렷하게 하나님의 음성이 들려왔습니다. "나는 여호와니 너의 조부 아브라함의 하나님이요 이삭의 하나님이라"(창 28:13).
야곱은 화들짝 놀라 잠에서 깼습니다. 그러고는 감동하며 "여호
와께서 과연 여기 계시거늘 내가 알지 못하였도다"(창 28:16)라고
외쳤습니다. 또 이어서는 다음과 같이 말했습니다. "두렵도다 이
곳이여 이것은 다름 아닌 하나님의 집이요 이는 하늘의 문이로
다"(창 28:17).

야곱은 아침 일찍 일어나 베개로 삼은 돌을 기둥으로 세우고,
그 위에 기름을 붓고, 그곳의 이름을 '벧엘'(하나님의 집)이라고 칭
했습니다. 그리고 바로 거기 벧엘에서 하나님께 약속했습니다.
"하나님이 나와 함께 계셔서 내가 가는 이 길에서 나를 지키시
고 먹을 떡과 입을 옷을 주시어 내가 평안히 아버지 집으로 돌아
가게 하시오면 여호와께서 나의 하나님이 되실 것이요 내가 기
둥으로 세운 이 돌이 하나님의 집이 될 것이요 하나님께서 내게
주신 모든 것에서 십분의 일을 내가 반드시 하나님께 드리겠나
이다"(창 28:20-22).

이후 야곱에게 이 장소, 벧엘이라는 자리는 더 이상 '어떠한
곳', '한 곳'이 아니었습니다. 그때부터 벧엘은 야곱에게 '그 장
소', '바로 그곳'이 되었습니다. 하나님과 서약한 자리, 하나님이
계시는 자리, 하나님을 만난 바로 그 자리가 되었습니다.

아마 이 사건은 야곱에게 놀라운 경험이었을 것입니다. 신앙
적 사고의 지평이 확장되는 결정적인 사건이었을 것입니다. 야

곱은 브엘세바에서 이삭과 함께 살면서 하나님을 섬겼습니다. 그러니 야곱에게 하나님은 브엘세바에만 계시는 하나님처럼 느껴졌을 수도 있습니다. 브엘세바가 어디입니까? 아브라함이 아비멜렉에게 암양 일곱 마리를 주고 맹세하며 산 우물이 있는 곳입니다. 맹세의 우물이 있는 곳, 즉 물이 있는 곳이었습니다. 야곱은 그곳에서 풍족한 물과 더불어 아버지 이삭과 함께 풍요로운 삶을 살아갔을 것입니다.

그러나 이제 야곱은 도망자 신세가 되어 광야 같은 곳을 지나가고 있었습니다. 어둑어둑해지는 시간, 그는 '어떤 곳'에 머물게 되었습니다. 야곱에게 그곳은 그저 지나치는 곳일 뿐이었습니다. 그러니 어떤 풍경이나 환경을 살펴볼 겨를도 없었습니다. 그곳을 지나쳐 가고 있었고, 그저 밤이 되어 잠시 머물렀을 뿐입니다. 당시 하란으로 향하고 있었고, 잠시 머문 그곳의 이름을 알지 못한 채 돌베개를 베고 누웠을 뿐입니다.

그런데 바로 그곳에서 야곱은 하나님을 만났습니다. "아브라함의 하나님, 이삭의 하나님"이라고 말씀하시는 그 하나님을 바로 그곳에서 만났습니다. 아마 그때 야곱은 다음과 같은 사실을 깨달았을 것입니다. '아, 하나님이 여기에도 계시는구나! 어디인지도 알지 못하는 바로 이곳에도 하나님이 계시는구나. 하나님은 나와 함께하시는구나! 나와 함께하겠다고 약속하시는구나!' 야곱에게는 놀라운 도약이었습니다. 성경 본문의 흐름상 야곱이 의도를 가지고 벧엘을 찾은 것 같지 않습니다. 창세기 28장 16절에 나오는 감탄사가 그가 이곳에서 하나님을 만날 기대를 하지 않았음을 알려 줍니다. "여호와께서 과연 여기 계시거늘 내가 알지 못하였도다."

야곱의 여정은 분명했습니다. 브엘세바에서 하란으로 향하는 것입니다. 약 800km 정도 되는 길을 완주하는 것입니다. 혼자라서 두려웠을 것입니다. 그러니 가능한 빨리 가려 했을 것입니다. 어쩌면 종착지에 도착하지 못하고 죽을 수 있다는 두려움도 있었을 것입니다. 그러니 그에게 중간에 머무는 어떤 곳들은 큰 의미가 없었을 것입니다. 그저 지나치는 곳이었습니다. 빨리 지나가야 하는 곳, 의미 없는 어떤 곳일 뿐이었습니다. 야곱에게 그곳은 '어떤 곳'이었습니다.

야곱에게 벧엘은
'바로 그곳'으로 변화되었습니다

우리도 때때로 야곱처럼 '어떤 곳'을 지날 때가 있습니다. 그다지 중요하지 않아 보이는 어떤 곳, 그저 지나쳐 가는 곳일 뿐인 어떤 곳, 그래서 별 가치가 없어 보이는 어떤 곳이라고 느껴지는 장소 혹은 시간이 있습니다.

미국에 있을 때 교환 교수로 오시는 분들이 있었습니다. 6개월 혹은 1년 정도 머무는 그분들에게는 미국이 '그곳'이 아니라 '어떤 곳'이라는 느낌을 받곤 했습니다. 신앙생활도, 삶도 그러했습니다. 그다지 중요하지 않은 어떤 곳을 지나고 있는 것처럼 보였습니다.

투병하는 사람들의 목표는 병이 낫는 것입니다. 완치가 목적지입니다. 병이 낫기까지의 시간은 그저 잠시 지나가는 시간이며, 견뎌야 하는 중간의 시간일 뿐입니다. '어떤 시간'입니다. 또한 돈을 많이 벌고자 하는 사람에게 돈이 많이 벌릴 때까지의 기간은 의미 없는 기간이며 '어떤 기간'이 될 수 있습니다. 자신이 원하는 목표에 도달하기까지 모든 삶의 자리는 단순히 '어떤 곳'이 될 수 있다는 뜻입니다.

그러나 놀랍게도, 하나님은 우리가 생각하기에 그 어떤 곳에서 우리를 만나 주십니다. 야곱을 만나신 것처럼 바로 그 지나치는 자리, 우리가 의미 없이 지나가고자 하는 그 자리에서 하나님은 우리를 기다리고 계십니다.

이스라엘 민족이 애굽을 탈출할 때 그들의 목적지는 젖과 꿀이 흐르는 땅, 곧 약속의 땅 가나안이었습니다. 그들은 어떻게 하든 빨리 그곳에 들어가기를 원했습니다. 하지만 하나님은 그들을 곧장 가나안 땅으로 인도하시지 않았습니다. 그들은 광야에서 40년을 보내야 했습니다. 사실 그들에게 광야는 '어떤 곳'이었습니다. 빨리 지나치길 원했던 땅입니다. 그러나 하나님은 광야에서의 시간을 40년으로 늘리셨습니다. 그리고 바로 그 광야, 그 어떤 곳에서 하나님은 이스라엘 백성을 만나 주셨습니다.

하나님은 우리가 잠을 자는 동안에도 복을 내려 주시는 분입니다. 과정이라고 생각하는 불안한 자리에도 우리 주님이 계십니다. 야곱이 바로 그 경험을 한 것입니다. '바로 이곳이 하나님의 집이구나. 내가 생각했던 어떤 곳이, 그냥 지나쳐 가는 그곳이 바로 하늘의 문이구나'라는 사실을 깨달은 것입니다.

그래서 야곱은 이후에도 어려운 일이 생길 때마다 '그 자리'로 돌아왔습니다. 먼 훗날, 야곱의 딸 디나가 히위 사람 하몰에게 강간당했을 때 야곱의 아들들은 디나와 하몰의 결혼을 허락한 것처럼 위장했습니다. 그래서 히위 사람들로 하여금 모두 할례를 받게 했습니다. 그러고는 그들이 움직이기 어려울 때 그들을 몰살시켰습니다. 이 일로 인해 주변 가나안 족속이 들고 일어났습니다. 위기의 순간이었습니다. 모든 야곱의 가족이 멸절될 수도 있었습니다. 바로 그때 야곱은 가족을 데리고 벧엘로 올라갔습니다. 하나님을 만났던 바로 그 자리로 올라갔습니다. 야곱에게 벧엘은 '그 자리', '바로 그곳'이 된 것입니다.

우리에게 '그 자리'가 있습니까? 바로 그 자리, 내가 하나님을 만났던 그 자리, 내가 하나님과 언약을 맺었던 바로 그 시간이 있습니까? 벧엘의 은총이 우리에게 있기를 간절히 바랍니다.

하나님이 예비하신 바로 그곳에서
'나의 하나님'을 만날 것입니다

어느 날 성경을 연구하면서 창세기 28장 11절에 나오는 '한 곳', '어떤 곳'이라는 표현을 히브리어 원문으로 살펴볼 기회가 있었습니다. 그런데 놀라운 사실을 발견했습니다. 문법적으로 이 표현이 우리가 일반적으로 생각하고 이해하는 표현이 아니라는 사실을 알게 된 것입니다.

한글 성경은 '한 곳', '어떤 곳'이라고 표현하고 있습니다. 그런데 히브리어 원문으로 살펴보니, '바마콤'입니다. 정관사와 명사가 함께 붙어 있는 '브하마콤', '바마콤', '함마콤'입니다. 이를 문법적으로 정확히 번역하면, '그 장소', '바로 그 장소'라는 뜻입니다. 성경 본문의 야곱의 이야기에서 '어떤 곳'이라는 단어보다 '그 장소', '바로 그 장소'라는 단어가 처음부터 등장하고 있던 것입니다. 11절에 기록된 '한 곳에', '거기서', '그곳의', '거기'라는 모든 단어가 정관사와 함께 사용되었습니다. 다시 말하면, '그 장소'라는 뜻입니다.

그렇다면 야곱은 이미 그 장소를 다녀온 것입니까? 아니면 그 전에 누군가가 그 장소를 다녀온 것입니까? 아니면 야곱이 의도를 가지고 벧엘을 찾아온 것입니까? 이미 살펴본 대로, 그렇지는 않습니다. 야곱이 벧엘이라는 곳을 일부러 찾아온 정황은 성경 본문의 흐름상 보이지 않습니다. 만약 야곱이 하나님을 만나기 위해 의도적으로 벧엘을 찾아왔다면, 그는 그곳에 오자마자 하나님께 예배드리거나 제사를 드렸을 것입니다. 또 꿈을 꾼 후 "여호와께서 과연 여기 계시거늘 내가 알지 못하였도다"라고 말하지도 않았을 것입니다.

그렇다면 왜 성경은 이 이야기의 첫 부분에서 '그 장소에 이르러'라는 표현을 쓰고 있을까요? 사실 이러한 질문은 평신도나 일반인들에게는 그다지 심각한 질문이 아닐 수도 있습니다. 전문적으로 성경을 연구하는 이들의 궁금증일 수도 있습니다.

그럼에도 불구하고 우리는 이 말씀에서 놀라운 사실 하나를 발견하게 됩니다. '그 장소'라는 말속에 '이미 갔던 장소', '이미 언급된 그 장소'라는 의미가 있지 않습니까? 또는 '이미 준비되어 있는 장소', '정해져 있는 그 장소'라는 뜻이 들어 있습니다. 그런데 야곱에게 그 장소는 그냥 지나가는, 처음 지나가는 '어떤 장소'였습니다. 그렇다면 그곳이 어떻게 '그 장소'가 될 수 있었을까요?

너무 복잡해서 별 흥미가 없을지 모르겠습니다. 그러나 함께 궁금증을 가지고 성경을 살펴봅시다. 벧엘이 어떤 곳입니까? 혹시 이곳을 누군가 이미 지나간 것은 아닙니까? '그 장소'라고 말하려면 앞서 적어도 한 번은 이곳이 언급되어야 하지 않겠습니까? 창세기 13장 3-4절을 보니, 먼저 벧엘이 등장하고 있음을 알게 됩니다. "그가 네게브에서부터 길을 떠나 벧엘에 이르며 벧엘과 아이 사이 곧 전에 장막 쳤던 곳에 이르니 그가 처음으로 제단을 쌓은 곳이라 그가 거기서 여호와의 이름을 불렀더라." 여기서 '그'는 아브라함입니다.

이 말씀을 읽는 순간 전율했습니다. 이 책 10장에서 "다시 가나안으로"라는 제목으로 살펴본 바 있는 말씀입니다. 아브라함은 하나님께 가나안으로 가라는 명령을 받았고, 가나안에 이르렀습니다. 그런데 그는 가나안에 머물지 않고 남으로 내려갔습니다. 그때 아브라함이 처음으로 도착한 곳이 벧엘이었습니다. 벧엘에서 아브라함은 하나님께 제사를 드렸습니다. 그리고 남방으로, 더 남방으로 내려가 애굽까지 갔습니다. 아브라함은 애굽에서 어려움을 당하고는 다시 정신을 차리고 하나님이 말씀하신 가나안으로 올라갔습니다. 올라가면서 다시 벧엘을 들렀습니다. '바로 그 장소'로 갔습니다. 그 장소에서 아브라함은 또다시 하나님께 제사를 드렸습니다.

앞서 살펴본 창세기 13장 말씀은 아브라함이 두 번째로 벧엘에 올라가 하나님께 예배드리는 장면입니다. 그 말씀에는 히브리어로 '하마콤'이라는 단어가 나옵니다. '바로 그 장소에서', '바로 그곳에서'라는 뜻입니다.

혹자는 "야곱이 창세기 28장에서 벧엘이라는 이름을 처음 붙였는데, 어떻게 창세기 13장에서 벧엘이라는 말이 나올 수 있을까?"라고 질문할 것입니다. 모세오경, 즉 창세기부터 출애굽기, 레위기, 민수기, 신명기는 모세 시대에 쓰인 책입니다. 그러므로 사실 이 지명은 후대에 사용된 것입니다. 그러다 보니 약간의 혼동이 있을 수 있습니다.

이제 다시 한 번 벧엘의 관점에서 이 말씀을 살펴보겠습니다. 아브라함이 하나님께 처음으로 제사드린 자리는 당시 '루스'로 불리는 땅이었습니다. 하나님과 아브라함이 처음으로 언약을 맺은 그 자리입니다. 그런데 먼 훗날 야곱이 그곳을 지나갔습니다. 야곱에게 그곳은 '어떤 곳'일 뿐이었습니다. 그런데 성경은 매우 의미심장하게 "야곱이 그 장소에 이르러"라고 말합니다. 그 장소, 하나님이 예비하신 그 장소, 아브라함이 하나님과 언약을 맺은 바로 그 장소에서 하나님이 야곱을 기다리고 계셨습니다.

야곱 입장에서는 얼떨결에 지나게 된 자리였습니다. 야곱에게는 '어떤 곳'이었습니다. 그러나 그 자리는 이미 하나님이 그의 조부 아브라함과 만나셨던 바로 그 자리였습니다. '어떤 장소'가 아니라 '그 장소'였습니다. 아브라함이 "내가 너로 큰 민족을 이루고 네게 복을 주어 네 이름을 창대하게 하리니 너는 복이 될지라"(창 12:2)라는 하나님의 말씀을 붙잡고 하나님께 제사를 드린 바로 그 장소였습니다. 바로 그 벧엘에서 하나님은 또다시 아브라함의 손자 야곱을 만나 주신 것입니다.

이제 창세기 28장 13절 이후에 나오는 하나님의 축복의 말씀,

즉 야곱이 꿈에서 보고 들은 말씀을 살펴보겠습니다. "나는 여호와니 너의 조부 아브라함의 하나님이요 이삭의 하나님이라 네가 누워 있는 땅을 내가 너와 네 자손에게 주리니 네 자손이 땅의 티끌같이 되어 네가 서쪽과 동쪽과 북쪽과 남쪽으로 퍼져 나갈지며 땅의 모든 족속이 너와 네 자손으로 말미암아 복을 받으리라 내가 너와 함께 있어 네가 어디로 가든지 너를 지키며 너를 이끌어 이 땅으로 돌아오게 할지라 내가 네게 허락한 것을 다 이루기까지 너를 떠나지 아니하리라"(창 28:13-15).

하나님은 앞서 아브라함에게 말씀하셨습니다. 그리고 그 약속의 말씀 그대로 야곱에게 또다시 말씀하고 계십니다. 이제 하나님은 아브라함과 맺으신 약속을 손자인 야곱과 맺고 계십니다. 바로 이 지점에서 하나님은 이제 아브라함의 하나님만이 아니라 야곱의 하나님이 되셨습니다. 야곱은 바로 그 자리에서 하나님을 '할아버지의 하나님', '아버지의 하나님'으로가 아니라 '나의 하나님', '야곱의 하나님'으로 고백하게 되었습니다. 그리고 그분과 약속도 맺었습니다.

참 놀랍지 않습니까? 이 말씀을 읽고 연구하면서 마음에 엄청난 감동이 일었습니다. '한 곳', '어떤 곳'이 아니라 '그곳', '그 장소'라는 이 한 단어, 이 한 표현이 이렇게 놀랍고 엄청난 의미를 담고 있는지 미처 몰랐습니다. 우리 하나님은 아브라함과 만나신 그 자리, 그 장소에서 다시 야곱과 대면하시는 하나님입니다.

야곱은 이제 하나님을 자신의 하나님으로 그곳에서 만나고 있습니다. 이런 축복이 우리에게도 있으면 좋겠습니다.

이제 한국교회 안에도 신앙이 대대로 이어지는 가정이 많습니다. 그중에 자녀들이 예수를 잘 믿지 않아서 고민하는 분들도 꽤 있습니다. 그러나 하나님은 신실하시며, 우리와 맺으신 언약을 분명히 지키시는 분입니다. 그 언약을 잊지 않으시는 분입니다. 하나님은 우리의 기도를 기억하십니다.

아브라함과 맺으신 언약을 지키신 하나님이 우리 할아버지, 할머니와 하신 그 약속도 잊지 않으실 것입니다. 아버지, 어머니가 자녀를 위해 드린 기도를 잊지 않으십니다. 그리고 우리 자녀들이 걷고 있는 어떤 일상에서, 어떤 장소에서, 어떤 시간에 하나님이 그들을 만나 주실 것입니다. 그 어떤 장소는 사실은 어떤 장소가 아닙니다. '그 장소'입니다. 우리의 선조들이, 그리고 우리가 자녀들을 위해 기도하던 그 자리, 바로 그 자리에서 하나님이 우리의 자녀들을 만나 주실 것입니다.

복이 어디에서부터 옵니까? 자손들의 복은 하나님으로부터 옵니다. 그러나 그 복을 전해 주는 사람들이 있습니다. 신앙의 아버지와 어머니, 신앙의 할아버지와 할머니입니다. 아브라함, 이삭의 신앙이 벧엘의 야곱을 만들었습니다. 젊은이들의 신앙이 마음에 들지 않는다고 걱정하기 전에 우리가 좋은 하나님의 백성이 된다면, 하나님이 우리의 후손을 기억하시고 '그 장소',

우리가 주님을 섬겼던 '바로 그 장소'에서 그들을 만나 주실 것입니다. 그 장소를 예비하고 계실 우리 주님을 찬양합니다.

거룩하고 자비로우신 하나님,

부르시는 주님의 자비로운 초청이 없었다면

우리가 어찌 하나님 앞에 설 수 있었겠습니까.

주님이 우리를 향해 "오라" 말씀하시기에

우리의 발걸음이 주님께로 향했으며,

주님의 인도하심이 있었기에

우리가 오늘 이 자리에 있습니다.

아버지를 찾아 고향으로 돌아온 탕자처럼

주님께로 나온 우리의 모습은 상처와 흠으로 가득합니다.

자유를 찾아 떠났지만 우리는 길을 잃었고,

맛난 것을 찾아 세상으로 나아갔지만

굶주림과 허기로 배를 곯았습니다.

기쁨과 쾌락은 잠시였고,

도리어 폭풍과 풍랑이 우리의 삶을 어지럽혔습니다.

하나님이 우리에게 허락하신 단 일회의 삶이 상처로 멍들었고,

그것이 성이 나서 그만 곪아 냄새나는 처지가 되고 말았습니다.

하나님, 다른 사람들은 몰라도 나는 압니다.

다른 이들은 나를 칭송해도 나는 압니다.

내가 얼마나 부족한 존재인지,

내 속에 얼마나 큰 죄악이 숨어 있는지,

내 속에 얼마나 큰 두려움이 있는지를 말입니다.

하나님이 손수 빚어 주시고 생기를 불어 넣어 주신 아담처럼,

우리의 영혼에 다시

하나님의 숨결을 불어 넣어 주시기를 간절히 기도합니다.

12장

값없는 은혜 안에서

: 누림

나아만이 이르되 바라건대 두 달란트를 받으라 하고
그를 강권하여 은 두 달란트를 두 전대에 넣어 매고
옷 두 벌을 아울러 두 사환에게 지우매
그들이 게하시 앞에서 지고 가니라

왕하 5:20-27

엘리사를 향한 게하시의 독백,
게하시를 변호하고 싶습니다

"제가 도대체 무엇을 잘못했습니까? 아무리 되짚어 생각해
봐도 이해할 수가 없습니다. 선생님과 제 관계가 고작 이 정도였
습니까? 선생님과 함께했던 시간이 생각납니다. 선생님이 엘리
야 선생님을 따르셨듯이, 저도 선생님을 따랐습니다. 선생님이
엘리야 선생님보다 더 큰 은사를 사모하셨듯이, 저도 그랬습니
다. 그래서 선생님을 따랐고, 충성스럽게 모셨습니다. 선생님도
저를 특별하게 대우해 주셨지요. 언젠가 수넴 여인의 아들을 고
치실 때 지팡이를 가져가라고 저에게 특별하게 부탁도 하셨습
니다. 저는 선생님을 아버님처럼 따랐고, 선생님도 저를 아들처
럼 대우해 주셨습니다.

그런데 어쩌다 우리가 이렇게 되었습니까? 저를 내치실 만큼

그렇게 큰 죄를 지은 것입니까? 그냥 내치신 것도 아니고 나병에 걸려서 오도 가도 못하게 하셨습니다. 알고 있습니다. 저에게 조금 잘못이 있다는 것, 인정합니다. 제가 선생님의 이름을 팔아서 나아만 장군에게 옷 두 벌과 은 두 달란트를 받아 왔습니다. 그런데 그것이 그렇게 큰 잘못입니까? 그렇게도 큰 죄입니까? 당신의 수제자를 나병에 걸리게 할 만큼 큰 죄입니까?

왜 시키지도 않은 일을 했느냐고요? 왜 앞에서 거짓말을 했느냐고요? 정말 모르십니까? 우리 형편을 한번 보십시오. 여기서 공부하는 예언자 수련생들이 얼마나 많습니까? 100여 명이 넘는 학생들이 이곳에서 함께 살고 있지 않습니까? 그들이 얼마나 배고프게 살고 있는지, 얼마나 고생하며 살고 있는지 선생님은 모르십니까? 그런데 왜 선생님은 당연히 받아도 될 그 예물을 받으시지 않았습니까? 그래서 제가 나아만 장군에게 갔습니다. 선생님이 못하시겠다면 저라도 악역을 감당해야지요.

그렇다고 제가 그렇게 양심 없는 짓을 했습니까? 선생님의 이름을 팔기는 했습니다. 하지만 저는 그에게 많은 것을 달라고 하지 않았습니다. 그저 이제 새로운 수련생을 위해 필요한 옷 두 벌과 은 한 달란트를 달라고 했을 뿐입니다. 제가 저의 이익을 구하려고 그런 일을 했습니까? 제가 입을 옷을 구했습니까? 제가 은 한 달란트를 달라고 하자 나아만 장군이 억지로 한 달란트를 더 주려고 했습니다. 그리고 부하 두 사람을 시켜서 저의 집까지 가져다주었습니다. 저는 한 달란트만 요구했는데, 그가 한 달란트를 더 준 것입니다. 그래서 두 달란트가 되었을 뿐입니다.

나아만 장군도 그렇습니다. 은혜를 입었으면 사례를 하는 게 당연한 일 아닙니까? 그는 이미 나병에서 나으면 사례를 하려고 많은 예물을 준비해 왔습니다. 그런 그가 엄청난 은혜를 입고서 아무 일도 하지 않고 돌아간다면 얼마나 미안하겠습니까? 그것이라도 내어서 마음을 편하게 해 주는 것이 뭐 그렇게 나쁘다는 말씀입니까?

저는 처음에 선생님이 저를 나병에 걸리게 하셨을 때, '다른 수련생들에게 일침을 주시려는 의도가 아닐까?' 생각했습니다. '곧 고쳐 주시겠지' 했습니다. 그런데 선생님은 저를 그냥 내버려 두셨습니다. 평생 나병에 걸려 살게 하셨습니다. 대대로 가문을 이어서 저주를 내리셨습니다. 어찌 그렇게 하실 수 있단 말입니까? 어찌 그 잘못 하나로 저를 이 지경으로 만드실 수 있는 것입니까? 저의 안위를 위해서 한 일도 아닌데 말입니다.

엘리사 선생님, 속 시원하게 말씀 좀 해 보십시오. 대답 좀 해 주시기를 바랍니다. 선생님은 저를, 그리고 그 일을 성경에 적으셔서 제 이름이 대대로 비난받는 이름이 되게 하셨습니다. 마치 욕심을 내어 자기 것을 챙긴 사람인 양 오해받도록 만들어 놓으셨습니다. 이게 뭡니까? 이것이 제가 충심으로 선생님을 모시고 따른 결과입니까? 제가 하나님을 따르고, 하나님을 위해서 제

인생을 바치려 한 결과와 보상이 이것입니까? 엘리사 선생님, 말씀 좀 해 보십시오! 저에게 답을 좀 주십시오!"

만약 제가 게하시였다면, 이렇게 항의했을 것 같습니다. 어쩌면 이보다 더 극렬하게 저항했을지도 모릅니다. 아무리 살펴봐도 게하시가 그토록 큰 잘못을 한 것 같지가 않습니다. 큰 것을 취했다면, 어마어마한 대가를 요구했다면, 자기를 위해서 달라고 했다면 부정이니 착복이니 하는 말로 비난할 수 있겠지만, 그런 것도 아니지 않습니까?

혹시 게하시가 그 돈을 가지고 나만 잘 살겠다고 도망갔다면, 가다가 붙잡혀 왔다면 또 모르겠습니다. 하지만 그는 자신의 수련생들이 있는 장소로 돌아왔습니다. 받은 것을 들고 돌아왔다는 것은 수련생들을 위해 그 돈과 물건을 사용할 의사가 있다고 봐야 하지 않겠습니까? 게다가 게하시가 나아만 장군을 만나러 갈 때의 모습만 봐도 수련생들을 위한 그의 마음이 보인다고도 생각됩니다.

그 때문인지 저는 여전히 게하시를 변호하고 싶습니다. 하나님의 일을 하면서 조금 사례를 받은 게하시가 잘못이라면, 오늘날의 목회자들, 그리고 하나님의 이름으로 대가를 요구하는 기도원과 교회 단체들은 그보다 더한 잘못을 저지르고 있는 것이 아니겠습니까?

그런데 왜 게하시만 그렇게 당해야 합니까? 임직을 할 때 돈을 내야 한다는 교회들도 있다는데, 돈을 써야만 장로가 되고 권사가 되는 교회도 있다는데, 심방을 받으려면 돈을 내야 한다는 교회도 있다는데 말입니다. 심지어 물을 파는 교회도 있답니다. 특별한 물이어서 병도 낫게 한다며, 이 물만 마시면 장수하고 무병한다며, 선지자가 특별히 기도해서 얻은 물이라고 선전하며 판매한다고 합니다. 물 값도 매기지 않고 비싸게 살수록 효과가 좋다고 말하는 장사꾼들도 있다고 합니다. 그럼 도대체 왜 게하시는 그토록 하나님의 징벌을 심하게 받아야 했던 것입니까?

엘리사가 알려 주고자 한 가치는
'값없는 하나님의 은혜'였습니다

열왕기하 5장 20-27절에는 한 가지 단순하고 명백한 원칙이 숨겨져 있습니다. 엘리사가 나아만 장군에게 알려 주려고 한 가치가 있었던 것입니다. 그것은 바로 이 세상에는 없는, 하늘나라의 가치였습니다. 시리아에서는 결코 경험할 수 없는 삶의 원리, 그러나 이스라엘에는 있는 원리로서, 그 가치는 바로 값으로 계산되지 않는 '하나님의 은혜'였습니다. 즉 엘리사는 나아만 장군이 하나님의 은혜는 값없이, 공짜로 주어지는 것임을 경험하도록 한 것입니다.

사실 하나님의 은혜는 값없이 주어집니다. 무엇을 해서 얻어지는 것이 아닙니다. 이것이 하나님 나라의 원리입니다. 은혜는 그런 것입니다. 값을 치르면 은혜가 되지 않습니다. 그런데 게하시가 바로 그 일을 망쳐 놓고 말았습니다. 하나님의 은혜의 현장에서 이방인인 나아만 장군에게 대가를 요구함으로써 하나님을 이방 신과 다름없는 신으로 만들어 버리고 만 것입니다. 대가를 위해 능력을 사용하는 초라하고 저급한 신으로 만들어 놓은 것입니다.

물론 대가도 중요합니다. 하나님의 공동체, 교회를 이끌어 나가기 위한 경비도 필요합니다. 사역을 이어 가기 위한 비용도 있어야 합니다. 감사의 예물도 중대한 신앙의 덕목입니다. 그러나 그것 때문에 공짜로 주어지는 엄청난 하나님의 은혜가 훼손된다면, 그것은 가장 중요한 기독교의 진리를 망가뜨리는 꼴이 되고 맙니다. 우리 주님은 "오호라 너희 모든 목마른 자들아 물로 나아오라 돈 없는 자도 오라 너희는 와서 사 먹되 돈 없이, 값 없이 와서 포도주와 젖을 사라"(사 55:1)라고 말씀하십니다.

하나님은 우리에게 값없이 구원의 은총을 주셨다는 사실을 밝히 알리고 싶어 하십니다. 우리가 은혜로 구원받았음을 알리고자 하십니다. 물론 하나님이 치르신 대가는 엄청납니다. 자신의 외아들의 목숨과 바꿀 만큼 하나님이 내어놓으신 희생은 대단합니다. 그러나 하나님은 우리에게 구원을 값없이 허락하셨습니다.

하나님은 이 세상과 다른 하나님 나라의 원리를 알려 주기를 원하셨습니다. 그런데 그만 게하시의 일 때문에 나아만에게 알려 주고자 하셨던 하나님의 모습이 훼손되고 말았습니다. 게하시의 실수였습니다. '하나님의 모습을 왜곡시킨 죄.' 이것이 바로 게하시의 죄명입니다. 하나님께 돌아갈 영광을 돈으로, 세상의 가치로 바꾼 죄입니다. 하나님으로 하여금 거룩한 분노를 발하시게 했으며, 형벌을 내리실 수밖에 없게 한 게하시의 잘못입니다.

현대 교회를 바라보면서 얼마나 많은 곳에서 게하시의 실수가 반복되고 있는지, 안타깝기 그지없습니다. 왜 값없이 주시는 하나님의 은혜에 값을 지불하라고 말하는 것입니까? 하나님의 은혜에 왜 값을 매기는 것입니까? 하나님을 위하는 일을 하기 위해 헌금을 거둔다고 합니다만, 그 때문에 정작 하나님의 일을 방해하는 일들이 얼마나 많이 일어나고 있습니까? 은혜를 버러지의 형상으로 바꾸어 버리는 것입니다.

중세 교회가 그러했습니다. 면죄부 통을 만들고 면죄부를 사서 넣으면 죽은 가족의 영혼이 하늘나라로 올라간다고 가르쳤습니다. 그렇게 해서 많은 돈을 거두었습니다. 고행을 장려하면서, 고행을 하면 마치 하나님의 은총을 얻을 수 있는 것처럼 선전했습니다. 중세 교회가 그런 행태를 반복할수록 값없이 주어지는 하나님의 은혜는 왜곡되고 변질되어 전달될 수밖에 없었습니다.

중세와 종교개혁 시대를 연구한 어느 교회사가는 중세 교회를 진단하면서 이렇게 말했습니다. "중세 시대에 살던 교인들이 갈급했던 것은 구원의 확실성이었다. 그들은 끊임없이 미사를 드리고, 면죄부를 사고, 고해성사를 하고, 고행하고, 자선을 베풀도록 강요받았지만, 정작 구원을 보장받지는 못하고 있었다. 그들은 끊임없이 교회에 머물러 끊임없이 일을 하고 있었지만, 여전히 갈급한 마음에서 해방되지 못하고 있었던 것이다. 그러나 교회는 끝까지 구원의 확실성을 말해 주지는 않았다."

중세 교회는 교회의 건물을 크게 짓고 위용을 자랑하는 데는 성공했지만, 또 수없이 많은 교인이 주일에 교회에 나와 움직이게 하고, 봉사하게 하고, 일하게 하는 데는 성공했지만 값없이 주시는 하나님의 은혜를 바르게 전달하는 데는 실패하고 말았습니다.

오늘날 한국교회는 값없이 주시는 하나님의 무한한 은혜를 이 세상에 제대로 전달하고 있습니까? 이 세상이 갖지 못한 하늘나라의 귀한 질서를 이 세상에 잘 나타내고 있는 것이 맞습니까?

엘리사가 나병을 앓던 시리아의 장군 나아만을 요단강에서 씻게 하고 고쳐 주었을 때 그는 시리아에서는 도저히 상상할 수 없는 방식으로 나아만에게 다가갔습니다. 값없이 주어진 치유의 은혜였습니다.

나병은 불치의 병이요, 고질적인 병이었습니다. 그 병이 치료되었습니다. 엘리사는 이방인에게 어떠한 대가도 요구하시지 않는 하나님, 값으로 계산할 수 없는 은혜를 가르쳐 주기 원했습니다. 그 때문에 나아만은 하나님을 알고 두려워하게 되었고, 하나님을 섬기는 종이 되었습니다. 그는 시리아에 돌아가서도 하나님을 섬기겠다고 말했습니다. 시리아 땅에서도 하나님의 이름이 높임을 받게 된 것입니다.

우리는 하나님의 종이요, 하나님의 편지요, 하나님의 향기입니다. 우리는 주님의 보혈로 구원을 받았습니다. 그리고 우리는 주님의 이름을 높이며, 그분이 우리를 위해서 하신 일, 하고 계신 일, 하시기로 작정하신 일, 그 놀라운 약속을 알리고 선포하기 위해 소명을 받았습니다.

세상 사람들은 값을 계산하는 법에 관심이 많습니다. 우리는 이 세상에서 자신의 몸값을 올려서 값비싼 사람이 되도록 노력

합니다. 그리고 그 방법을 배웁니다. 세상의 원리, 세상의 원칙
은 그러합니다. 이방인 나아만 장군이 살던 시리아 땅에 있던 원
칙처럼 말입니다.

그러나 우리는 다릅니다. 우리는 세상이 갖지 못한 삶의 원리
를 자랑해야 합니다. 끊임없이 희생하고, 나누고, 사랑하고, 베
풀어야 합니다. 교회는 값없이 주시는 하나님의 은혜의 통로가
되어야 합니다. 성도의 직무는 자신이 섬기는 교회를 세상에서
제일 큰 교회, 가장 영향력 있는 교회로 키우는 데 있지 않습니
다. 제일 많은 성도를 자랑하는 교회를 세우는 데 있는 것도 아
닙니다. 선교도 하고, 봉사도 하고, 영향력 있는 공동체를 세워
가는 데 있는 것도 아닙니다. 주님의 값없이 주시는 은혜를 널리
증거하기 위해 주님의 자녀가 존재하는 것입니다.

그러므로 성도는 값없이 주시는 하나님의 사랑을 전하는 연
습을 해야 합니다. 조건 없는 봉사, 대가 없는 섬김을 익혀야 합
니다. 보상 없이 나누어 주시는 하나님의 무한한 사랑의 가치를
훼손해서는 안 됩니다. 세상 사람들에게 하늘나라의 고귀한 질
서를 드러내고 가르치는 존재가 되어야 합니다.

모든 성도가 거저 주시는 주님의 놀라운 은총을 전하는 귀한
도구가 되었으면 참 좋겠습니다. 보다 정확히는, 하나님이 우리
한 사람, 한 사람을 하늘나라의 원리와 질서를 드러내고 증명하
기 위한 귀한 도구로 사용해 주시기를 간절히 원합니다.

죽을 수밖에 없는 죄인을
십자가의 공로로 깨끗하게 하시고,
주님의 영광스러운 나라를
선물로 주신 하나님, 감사합니다.
대가 없이 우리를 구원하셨고,
보상 없이 우리를 사랑해 주셨습니다.

오직 하나님이 원하시는 일은
대가 없이 주신 하나님의 사랑을 세상에 전하는 일인데,
그마저 우리는 제대로 하지 못하고 말았습니다.
값없이 주신 은총에 가격을 매기고,
거저 주신 은혜에 값을 세어 받으며,
하나님 나라의 질서와 법을 왜곡시키고,
하나님의 이름을 팔아 우리의 안위를 추구했습니다.
주님, 용서하여 주시옵소서.

4부

더 깊은
은혜의 자리로

불완전한 자를 향한 소명

13장

겉옷 하나면

충분하다

셈과 야벳이 옷을 가져다가
자기들의 어깨에 메고 뒷걸음쳐 들어가서
그들의 아버지의 하체를 덮었으며
그들이 얼굴을 돌이키고
그들의 아버지의 하체를 보지 아니하였더라

창 9:20-27

성경이 우리에게
어려운 질문을 걸어옵니다

언젠가 술을 많이 마시고 자주 실수하는 사람이 창세기 9장 20-27절 말씀을 들고 와서는 "노아도 술에 취해 실수한 적이 있다!" 하며 기뻐하더라는 이야기를 들은 적이 있습니다. 왜 이런 이야기가 성경에 들어 있는지 궁금합니다. 성경에 포함되지 않아도 좋을 만큼 그다지 중요해 보이지 않는 말씀 같습니다.

일단 창세기의 흐름을 살펴봐도 그렇습니다. 사실 노아의 이야기는 창세기 9장 17절에서 끝나는 편이 더 좋을 것 같습니다. 앞서 창세기 7-8장에서 하나님은 온 세상을 물로 덮는 심판을 단행하셨습니다. 홍수의 심판이 끝나자 방주에 있던 노아와 가족들은 뭍으로 나와 하나님께 번제를 드렸습니다. 이어 9장에서 하나님은 무지개를 사이에 두고 노아와 그의 후손과 언약을 맺으셨습니다.

이렇게 멋지게 이어지던 이야기가 창세기 9장 20절부터 그만 뒤틀리고 말았습니다. 노아가 술에 취해서 실수했다는 것입니다. 그리고 이후에는 노아의 족보가 나옵니다. 이 말씀만 빼면 노아에 관한 이야기는 아주 완벽하고 멋진 이야기가 될 수 있었습니다. 노아는 그야말로 인류 역사의 새로운 조상이며, 흠 없는 영웅, 신비로운 인물로 남았을 것입니다.

내용을 보아도 그렇습니다. 창세기 9장 20-27절은 노아에 대한 이미지를 상당히 손상시킵니다. 노아가 새로운 땅에서 하나님께 번제를 드리고 새 언약을 맺은 후 한 일이라고는 단 하나, 포도주를 마시고 취해서 하체를 드러냈다는 것뿐입니다. 이상하지 않습니까? 굳이 이런 사건을 우리에게 알릴 필요가 있을까요?

이 사건이 일어난 때가 정확히 언제인지는 알 수 없습니다. 어쩌면 홍수 사건 이후에 상당한 시간이 흘렀을 수도 있습니다. 노아가 홍수를 겪을 때의 나이가 600세였습니다. 그리고 세상을 떠날 때의 나이가 950세였습니다. 그러니 노아는 홍수 후에 새로운 땅에서 350년을 살았다는 계산이 나옵니다. 그런데 그가 350년을 살아가면서 새로운 땅에서 새로운 인류의 씨앗으로서 한 일이 성경에는 이 사건 외에는 거의 기록되어 있지 않습니다.

그렇다면 노아가 포도주를 마시고 실수한 사건을 성경은 어떻게 정리하고 있습니까?

어느 날 노아가 포도주를 많이 마시고 취해 장막 안에서 벌거 벗은 채 잠이 들었습니다. 이 모습을 노아의 둘째 아들인 함이 보았습니다. 그는 밖으로 나가 이 사실을 형제인 셈과 야벳에게 알렸습니다. 그러자 셈과 야벳은 옷을 가져다가 자기들의 어깨 에 메고 뒷걸음쳐 들어가서 아버지의 하체를 가려 드렸습니다. 술에서 깨어난 노아는 모든 사실을 알고는 함에게 저주를 선언 했습니다. "함의 자손은 셈과 야벳의 자손의 종이 될 것이다." 성 경에 처음 나오는, 인간이 인간을 향해 내리는 저주입니다. 그리 고 셈과 야벳에게는 축복을 했습니다.

우리는 이 지점에서 또다시 이 말씀이 과연 성경에 기록될 만 한 사건인지 의구심을 갖게 됩니다. 과연 노아가 이만한 일로 아 들 함에게 이처럼 큰 저주를 내려도 될까요? 도대체 함이 무슨 잘못을 저지른 것입니까? 아버지의 수치를 가려 주지 않았기 때 문입니까? 아니면 밖으로 나가 형제들에게 말했기 때문일까요? 그것이 형제들의 종이 될 만큼 큰 죄악입니까?

이 말씀이 빠지면 자연스럽게 노아가 하나님과 무지개를 사 이에 두고 약속하는 위대한 장면으로 끝맺을 수 있었습니다. 만 약 제가 성경을 편집했거나 기록했다면 노아가 술 취해 벌거벗 고 잠든 구차한 이야기나 아들 함을 향해 저주를 퍼부은 사건은 다루지 않았을 것 같습니다.

그런데 흥미롭게도 성경 해석 역사를 살펴보면, 이 부분이 상당 기간 의미 있고 가치 있는 말씀으로 받아들여져 왔음을 알 수 있습니다. 특히 과거에는 이 말씀을 종을 부릴 수 있는 명분으로 삼기도 했습니다. 어떤 이들은 이 말씀에서 흑인, 백인, 황인의 구별을 유추했습니다. 특히 서구인들은 중세 시대를 거치며 저주받은 함의 자손이 아프리카 흑인종이라고 생각했습니다. 그래서 흑인은 운명적으로 백인의 종이 되어야 한다고 이해했습니다. 이와 같은 주장은 1960년대까지도 서구에서 얼마든지 찾아볼 수 있었습니다.

그러나 21세기를 살아가는 우리는 이러한 해석이 참으로 우스꽝스러우며, 서구인들의 자의적이며 정치적인 풀이임을 알고 있습니다. 실제로 함의 자손은 가나안 족속이므로, 이후 출애굽 과정에 등장한 여부스 족속, 아모리 족속, 히위 족속과 같은 종족입니다. 그러므로 함의 자손을 아프리카 흑인종으로 이해하는 것은 그 자체로 모순입니다.

그렇다면 이 말씀이 우리에게 전하려는 메시지는 무엇일까요? 차라리 없으면 좋았을 것 같은 이 말씀이 성경에 남아서 우리에게 말을 걸어오는 이유는 무엇일까요?

의인 노아도
불완전한 인간 중 하나였습니다

노아는 분명히 하나님이 보시기에 의인이었습니다. 창세기 6장 9절은 "노아는 의인이요 당대에 완전한 자라 그는 하나님과 동행하였으며"라고 노아에 대해 설명합니다. 노아는 모든 인류가 멸망할 수밖에 없던 위기에서 마지막으로 살아남은 인류의 미래였습니다. 하나님이 선택하셔서 유일하게 남기신 인류의 씨앗이었습니다.

만약 얼마 후에 지구가 멸망할 것이라는 사실을 알게 되었다고 가정해 보십시오. 우주선을 타고 몇 사람이라도 탈출시킴으로써 인류를 보전하려는 계획이 세워졌다고 생각해 보십시오. 모든 인류가 죽어도 살아남아야 할 사람을 선택해야 한다면 누구를 뽑아야 하겠습니까? 인류의 과학을 위해서는 앨버트 아인슈타인(Albert Einstein) 같은 과학자를 뽑아야 할 수도 있을 것입니다. 인류의 예술을 위해서는 파블로 피카소(Pablo Picasso) 같은 예술가를 선택해야 할 것입니다. 최고의 의술을 가진 의사를 뽑아야 할 수도 있습니다. 노아는 바로 이러한 선발 과정에서 하나님이 직접 뽑으신 인재였습니다. 인간이 뽑은 것이 아닙니다.

성경은 노아가 분명히 의인이라고 기록하고 있습니다. 그는 당대에 하나님의 마음에 들 만큼 경건한 의인이었고, 인류의 새로운 씨앗이 될 만큼 건강하고 좋은 DNA를 가진 사람이었습니다. 더욱이 노아는 하나님의 기대를 저버리지 않았습니다. 하나님이 말씀하신 대로, 사람들이 조롱하는데도 불구하고 산에서 방주를 짓기 시작했습니다. 다른 기록에 의하면, 노아가 120여 년 동안 방주를 만들었다고 합니다. 가족들도 도왔겠지만, 그들이 노아만큼 믿음을 가지지는 않았을 것입니다.

그런데 믿을 수 없는 일이 실제로 일어났습니다. 홍수가 났고, 노아와 가족들은 하나님의 은혜로 방주에 들어갔습니다. 구원받은 사람으로서 방주에 들어간 노아의 가족들이 아버지를 어떤 모습으로 바라보았겠습니까? 위대한 아버지, 신앙의 아버지, 범접할 수 없는 영성을 가진 아버지로 바라보았을 것입니다.

홍수가 끝나고 노아가 하나님께 제사를 드리는 장면도 상상해 보십시오. 무지개를 사이에 두고 하나님과 대화를 나누는 멋진 노아의 모습 말입니다. 아버지를 바라보는 가족들의 마음속에는 존경심과 경외심이 넘쳤을 것입니다.

그런 노아가 홍수 이후에 어떤 삶을 살았습니까? 홀로 남겨진 새로운 인류의 조상으로서 인류의 역사와 홍수 이야기를 자세히 기록해 후손에게 알렸을까요? 아쉽게도, 성경은 그러한 일에 대해 어떤 이야기도 전해 주지 않습니다. 노아가 새 인류의 조상으로서 행한 350년 동안의 삶은 "노아는 농사를 시작했고, 어느 날 포도주를 잔뜩 마시고는 하체를 드러낸 채 잠이 들었다"라는 이야기뿐입니다. 노아는 이제 포도주에 절어 살아가는 사람으로 비치고 있습니다.

노아는 왜 그토록 포도주를 많이 마셨을까요? 행복해서 마셨을 수도 있을 것입니다. 어쩌면 홍수를 겪으며 수많은 생명을 구하지 못한 안타까운 마음 때문일 수도 있습니다. 물 위에 떠 있는 주검들을 본 충격이 오랫동안 그의 삶을 짓눌렀을 수도 있겠습니다. 혹은 나이가 많아지면서 점차 육신이 쇠약해진 탓일 수도 있습니다.

성경은 노아와 같은 위대한 인물, 의인이며 새로운 인류의 조상이자 당대에 완전한 자였던 노아에게도 실수가 있었다는 사실을 숨기지 않습니다. 그러므로 창세기 9장 20-27절이 전하고자 하는 바는 이렇습니다. "인간은 여전히 완전할 수 없는 존재다."

인간은 여전히 실수하는 존재입니다. 완전한 사람은 없습니다. 완전한 공동체도 없습니다. 하나님이 노아를 통해 새로운 인류를 출발시키셨지만, 그에게도 실수가 있었고 그는 역시 불완전한 존재였습니다. 이것이 바로 인류의 새로운 조상으로 살아간 노아와 가족들이 알아야 했던 첫 번째 사실입니다.

깊이 생각해 보면, 술에 취한 노아의 이야기에는 두 가지 매우 흥미로운 전제가 담겨 있음을 알게 됩니다. 노아가 평상시에는 결코 실수하거나 부끄러움을 당할 만한 일을 하지 않았음을 반증하는 셈입니다. 다시 말해, 노아는 당대에 완전한 자였습니다.

노아는 끝까지 완전함을 유지해 나간 사람이었습니다.

동시에 노아는 포도주를 마신 후에는 자신의 몸을 가누지 못해 실수를 범했습니다. 온전한 정신으로 한 일이 아니니 이해가 되기도 하고, 또 한편으로는 아쉬움이 남습니다. 종종 실수를 저지른 사람들이 술김에 잘못을 했다며 변명하는 모습을 보게 되는데, 노아가 바로 그러했습니다. 그는 평상시에는 완전하고 의로운 자였지만, 술 때문에 완전한 자가 되지는 못했습니다. 그도 역시 인간이며, 불완전한 사람일 뿐이었습니다.

예수의 겉옷을 준비해
세상의 허물을 덮어 줍시다

누구도 완벽할 수 없습니다. 당대에 완전한 자요, 의인인 노아도 그러했듯이, 우리 모두는 '어떤 상황에서', '언젠가는' 불완전한 존재가 되고 맙니다. 따라서 우리는 그 자체로 불완전한 존재입니다. 실수하는 인간, 허물 많은 인간, 죄 속에 빠져 있는 인간, 그것이 바로 우리의 모습입니다.

그렇다면 중요한 것은 '실수를 저질렀을 때 어떻게 해야 하는가?'입니다. 이 말씀이 새로운 인류의 시작점인 노아의 이야기로부터 시작되고 있다는 점이 매우 흥미롭습니다. 이것이 이 말씀의 높고 놀라운 가치이기도 합니다.

노아의 둘째 아들 함이 먼저 아버지를 보았습니다. "가나안의 아버지 함이 그의 아버지의 하체를 보고 밖으로 나가서 그의 두 형제에게 알리매 셈과 야벳이 옷을 가져다가 자기들의 어깨에 메고 뒷걸음쳐 들어가서 그들의 아버지의 하체를 덮었으며 그들이 얼굴을 돌이키고 그들의 아버지의 하체를 보지 아니하였더라"(창 9:22-23). 함은 아버지의 하체를 보고 밖으로 나가 말하는 모습으로, 셈과 야벳은 옷을 가져다가 어깨에 메고 뒷걸음쳐 들어가서 아버지의 하체를 덮어 주는 모습으로 묘사되어 있습니다.

노아는 술이 깬 후 이 모든 사실을 알게 되었고, 자신의 추한 모습을 다른 형제들에게 알린 함에게 형제들의 종이 될 것이라며 저주했습니다. 반면 셈과 야벳에게는 종을 부리며 살 것이라는 복을 선포했습니다.

사실 이 말씀은 해석하기가 쉽지 않습니다. 아들을 저주하는 아버지가 과연 어디에 있습니까? 그렇다면 이 말씀을 이렇게 생각해 보면 어떨까요? 아버지의 수치를 보고도 가려 주지 않고 다른 형제들에게 알리는 사람은 종의 정신, 종의 태도를 가져 종이 되어도 마땅한 사람인 반면, 다른 이의 실수를 보지 않고 겉옷으로 덮어 주는 사람은 주인의 정신, 리더의 정신을 가져 종을 부릴 수 있는 자격이 있는 사람이라고 말입니다.

새로운 공동체를 이 땅에 세워야 하는 노아의 아들들이 아버지의 실수를 통해 배워야 하는 한 가지 사실이 있었습니다. 그것은 바로 '겉옷을 준비하는 것'입니다. 실수는 언제나 어디서나 일어날 수 있습니다. 인간의 실수를 보았을 때 과연 어떻게 하는 것이 선한 방식이며, 그릇된 방법인가를 고민해 봐야 합니다. 다른 사람의 실수를 떠벌릴 수도 있고, 아니면 겉옷을 벗어서 그의 추한 모습을 덮어 줄 수도 있습니다.

누가 세상의 지도자가 될 수 있습니까? 어느 나라가 세상의 주인으로서 온 세상을 이끌어 갈 수 있는 능력이 있겠습니까? 종을 부릴 수 있는 리더의 정신은 다른 사람의 허물을 덮어 줄 수 있을 때 생깁니다.

실수가 발견될 때, 그때가 기회라고 여겨 흠잡아 상대를 겁박하는 태도는 저급한 태도요, 종의 태도입니다. 아름다움은 상대의 결점이나 추한 모습을 보지 않고 덮을 때 드러나게 되어 있습니다. 추함은 어디에나 있습니다. 우리의 모습에도 있고, 가정, 사회, 교회에도 존재합니다. 우리는 그 모습을 볼 수도 있고, 다른 사람에게 말하며 비판할 수도 있습니다.

그러나 하나님은 우리에게 겉옷 하나를 준비하라고 요청하십니다. 다른 사람의 추한 모습을 보지 않고 뒷걸음쳐 들어가서 준비한 겉옷으로 덮을 수 있을 때 우리는 진정 아름다운 공동체를 만들어 갈 수 있습니다.

여기서 한 가지 더 기억할 사실이 있습니다. 우리의 추하고 부족한 모습 때문에 하나님이 예수 그리스도를 보내 주셨다는 것입니다. 주님은 우리의 모든 죄악을 덮는 구원의 역사를 감당하셨습니다. 우리의 죄를 자신의 피로 정결하게 하셨고, 우리를 그리스도로 옷 입히셔서 모든 허물을 가려 주셨습니다. 그러므로 우리의 겉옷이 무엇입니까? 예수 그리스도이십니다. 우리는 예수님을 겉옷으로 입고 있습니다.

참 흥미롭게도, 첫 번째 인간과 두 번째 새로운 시조로서의 인간 사이에는 매우 밀접한 유비가 엿보입니다. 첫 번째 인간인 아담도 수치를 느꼈습니다. 그러나 하나님은 그에게 가죽옷을 입혀 그의 허물을 가려 주셨습니다. 두 번째 또 다른 인류의 시조, 노아에게도 수치가 있었습니다. 그 역시 겉옷으로써 수치가 가려졌습니다. 아담이든, 노아이든, 모든 인간은 인간입니다. 부끄러움, 허물, 죄악은 인간의 숙명입니다. 그 부끄러움은 가려져야만 합니다. 가려질 때 아름다움이 존재합니다.

이 땅에 수많은 사람이 죄로 죽어 가고 있습니다. 부끄러운 모습으로 살아가는 이들이 많습니다. 우리가 할 일은 겉옷을 준비하는 일입니다. 주님이 우리에게 그 일을 맡기셨습니다. 우리의 허물을 덮고 아름답게 하신 주님을 따라, 나아가 셈과 야벳의 모범을 따라 우리도 겉옷 하나는 준비합시다. 우리의 허물과 죄악을 가려 주신 예수 그리스도의 옷을 들고 세상으로 향합시다.

주님, 이 땅에 세워진 교회들이
빛과 소금의 역할을 하지 못한 채
도리어 세상의 걱정거리가 되고 말았습니다.
이 땅의 성도들은 하나님의 이름과 복음을
자랑할 수 없는 처지가 되고 말았습니다.
하나님 나라의 질서가 이 땅에 자리하지 못하고
심지어 교회에서조차
세상의 질서가 하나님의 질서를 밀어내 버리고 말았습니다.

하나님, 나라에 닥친 많은 위기 가운데에서
우리 믿는 이들의 잘못과 죄악을 먼저 돌아봅니다.
하나님이 기뻐하시지 않을 말과 행동, 모습이 너무 많았습니다.
그저 세상의 법과 틀에 매여 하나님의 뜻을 세우지 못하고
무기력했음을 애통한 마음으로 회개합니다.
하나님, 이 땅의 백성을 긍휼히 여겨 주시옵소서.

하나님, 그러나 우리의 부족함에도 불구하고
우리로 하여금 기도하는 민족이 되게 하셨사오니,
이것이 우리의 위로이며 우리의 힘입니다.
우리에게 주신 기도의 힘이 그 어떠한 무기보다
더 강력하고 능력 있음을 믿습니다.
우리를 고치시고 우리의 기도를 들어주시옵소서.

하나님, 주님께 나오기 부적절한 모습으로,
사실은 하나님께조차 숨기고 싶은 모습으로
주님을 찾은 이들이 있습니다.
하나님의 크고 변함없는 사랑을
그들에게도 나타내 보여 주시옵소서.

14장

포도원지기가

되라는 부르심

주인이여 금년에도 그대로 두소서

내가 두루 파고 거름을 주리니

눅 13:6-9

포도원지기가 심은 열매 없는 무화과나무는
바로 우리 자신입니다

한 사람이 포도원에 무화과나무 한 그루를 심었습니다. 그리고 해마다 열매 얻기를 원했습니다. 첫해에도 열매가 없었고, 둘째 해에도 열매가 나지 않았습니다. 3년째가 되었으나 여전히 열매를 얻을 수 없었습니다. 이에 화가 난 그는 포도원지기를 불러 무화과나무를 찍어 버리라고 했습니다. 그러자 포도원지기가 이렇게 대답했습니다. "주인이여 금년에도 그대로 두소서 내가 두루 파고 거름을 주리니 이후에 만일 열매가 열면 좋거니와 그렇지 않으면 찍어 버리소서"(눅 13:8-9).

이 이야기는 예수님의 비유입니다. 그렇다면 이 비유의 말씀을 어떻게 해석해야 할까요? 전통적으로는 다음과 같은 관점으로 해석되었습니다.

포도원 주인은 성부 하나님으로 이해할 수 있습니다. 천지를 창조하시고 운행하시는 하나님, 모든 것을 심판하시는 성부 하나님입니다. 그분은 오늘도 공의의 법칙으로 인류 역사를 주관하시며, 동시에 열매 없는 나무는 언제든 찍어 버릴 준비를 하시는 분입니다.

한편 이 비유에서 가장 너그러운 사람은 성자 예수님을 가리키는 포도원지기입니다. 3년간이나 아무 소출도 없이 땅만 허비하며 무용하게 서 있는 무화과나무, 이제는 마땅히 없어져도 될 것 같은 가치 없는 무화과나무가 다시 한 번 기회를 얻을 수 있었던 이유는 바로 이 자비하고 인자한 포도원지기의 요청 덕분이었습니다.

이 비유의 말씀은 우리가 여러 가지 죄악과 실수를 저지름에도 이렇게 살아 있을 수 있는 이유는 바로 우리의 포도원지기이신 예수 그리스도의 은총 때문이라는 사실을 가르쳐 줍니다. 예수님이 우리의 부족함과 열매 없음에도 불구하고 우리를 위해 중보하시며 우리를 여전히 기다리고 계신다는 뜻입니다.

물론 이러한 관점에서 무화과나무는 열매 맺지 못하는 이스라엘 백성이며, 오늘날 우리의 모습이라고 이해할 수 있겠습니다. 열매가 없어서 찍혀 버려질 위기에 처한 우리가 바로 무화과나무입니다.

그러면 우리는 자연스럽게 다음과 같은 질문을 떠올리게 됩니다. '그럼 이제 어떻게 하면 좋은 열매를 맺을 수 있을까? 어떤 열매를 맺어야 하나님의 책망과 심판을 면할 수 있을까?'

이 질문에 적절한 답을 찾기 위해서는 이 비유가 나온 배경을 먼저 살펴봐야 합니다. 이 비유 앞부분에는 예수님의 긴 강론이 소개되고 있습니다. 예수님이 여러 말씀을 전하실 때 두어 명이 찾아와 이런 이야기를 전했습니다. "빌라도가 갈릴리 사람들을 학살하고 그들의 피를 섞어서 그들의 신에게 제사를 드렸습니다"(눅 13:1 참조). 아마 그들은 이 소식을 전하며 '갈릴리 사람들이 무슨 죄가 많아서 이런 일을 당한 것일까?'라는 의문을 품었을 것입니다.

그때 예수님은 그 갈릴리 사람들이 불행을 당한 이유가 그들의 죄가 많아서가 아니라고 분명히 말씀하셨습니다. 그리고 뒤이어 이런 예를 더하셨습니다. "실로암의 망대가 무너져 18명이 죽은 이유는 예루살렘 사람들보다 그들이 더 많은 죄를 지어서가 아니다"(눅 13:4 참조). 즉 예수님의 말씀은 이렇게 풀이될 수 있습니다. "너희에게 아직 심판이 임하지 않은 이유는 하나님이 참고 한 번 더 기회를 주고 계시기 때문이지, 결코 너희가 죄가 없어서가 아니다. 그러니 어서 회개하라." 더불어 이 말씀 마지막 부분에서 주님은 "너희도 만일 회개하지 아니하면 다 이와 같이 망하리라"(눅 13:5)라고 말씀하셨습니다. 그 후 이어진 비유가 '열매 맺지 못하는 무화과나무 비유'입니다.

다시 말해서, 예수님은 이 비유의 말씀을 통해 당시 이스라엘 백성과 오늘날 우리에게 회개를 요청하신 것입니다. 하나님이 우리를 애타게 기다리고 계시니 어서 돌아오라는 메시지입니다. 동시에 회개 없는 이스라엘 민족이 아직까지 심판을 면하고 있는 이유는 예수님이 중보자로서 그들의 심판이 미뤄지도록 중재하셨기 때문임을 이 비유를 통해 가르쳐 주셨습니다.

지금까지 이 비유를 전통적인 해석의 틀로 풀이해 보았습니다. 대부분 알고 있는 내용일 것입니다. 우리는 이 비유를 읽으면서 주님이 원하시는 열매는 회개의 열매이며, 우리 자신이 열매 없는 무화과나무라는 사실을 알고 회개해야 한다는 사실을 절실히 깨닫게 됩니다.

다른 관점에서,
만약 내가 포도원지기라면?

이제 열매 없는 무화과나무 비유를 조금 다른 관점에서 살펴보고자 합니다. 전통적인 관점에서 포도원 주인을 성부 하나님으로, 포도원지기를 성자 예수님으로, 무화과나무를 우리 혹은 이스라엘 백성으로 해석했다면, 그 틀을 조금 바꿔 보기를 원합니다. 포도원 주인인 성부 하나님은 그대로 두고, 포도원지기를 예수님에서 '우리'로 바꿔 이해해 보는 것입니다. 그렇게 되면 무화과나무는 우리 주변의 쓸모없는 사람이라고 여겨지는 이들, 혹은 회개의 열매를 맺지 못하고 본질에서 벗어난 삶을 살아가고 있는 듯한 사람들, 가치 없어 보이는 사람들로 볼 수 있을 것입니다. 이러한 관점에서 비유를 바라보면 또 다른 의미와 메시지를 찾아낼 수 있습니다.

한 사람이 포도원에 무화과나무를 심었습니다. 그런데 왜 포도원에 무화과나무를 심었습니까? 왜 포도원에 무화과나무가 심겨야만 하는 것입니까? 먼저 이 질문이 생깁니다. 여기서 '한 사람'은 분명 포도원 주인임에 틀림없습니다. 포도원 주인이 아니고서야 어떻게 포도원에 무화과나무를 심을 수 있겠습니까?

물론 무화과나무는 좋은 열매를 내는 좋은 나무입니다. 그러나 무화과나무가 포도나무보다 귀하다고 할 수는 없습니다. 사실 이스라엘에서 무화과나무는 길가에서 흔히 볼 수 있고, 가꾸지 않아도 열매를 내는 나무입니다. 그러나 포도나무는 다릅니다. 정성껏 가꾸고, 가지를 만져 주며, 나무와 나무를 연결해 주어야만 합니다. 그래야 포도나무에서 포도를 얻을 수 있습니다.

그런데 주인이 어느 날 갑자기 포도원에 무화과나무를 심은 것입니다. 물론 그것은 주인의 권리입니다. 하지만 포도원지기의 입장에서 본다면, 결코 좋은 일이 아닙니다. 포도원에 포도나무만 있어야 관리가 잘될 것이고, 문제도 없을 것이며, 신경 쓸

일도 적을 것입니다. 그런데 포도나무 사이에 무화과나무가 심기면 문제가 달라집니다. 포도원은 포도원답지 못하게 될 테고, 무화과나무가 포도나무에 어떤 영향을 미칠지도 알 수 없습니다. 포도원조차 어떻게 될지 모르는 상황이 됩니다. 그렇다 해서 포도원지기가 주인에게 할 말은 없습니다. 불평할 이유도 없습니다. 왜냐하면 포도원의 주인은 자신이 아니기 때문입니다.

그러던 어느 날 주인이 훌쩍 여행을 떠나 버렸습니다. 포도원에 함께 있지 않았습니다. 때때로 포도원을 돌아보았겠지만, 주인이 항상 그곳에서 일했던 것은 아닙니다. 포도원을 지키고 포도나무와 함께 무화과나무를 돌보는 일은 포도원지기의 몫입니다. 하지만 포도원지기는 포도를 기르는 일에 대해서는 전문가일 수 있지만, 무화과나무를 돌보는 일에는 전문가가 아닐 수 있습니다. 자기 나름대로 열심히 무화과나무를 돌보았겠지만 3년이 지나도록 열매를 내지 못했습니다. 그때 주인이 포도원을 찾아왔고, 포도원지기에게 무화과나무를 찍어 버리라고 명령했습니다. 어찌 땅만 버리겠냐며 열매 맺지 못하는 무화과나무를 찍어 버리라고 말입니다.

주인은 참 편한 사람입니다. 언제는 심으라고 하더니 다시 찍어 버리라니 말입니다. 물론 주인은 얼마든지 심을 수도 있고, 빼낼 수도 있습니다. 그것은 주인의 권리이고, 동시에 하나님의 권리입니다. 그런데 포도원지기의 입장은 다릅니다. 그는 이렇게 이야기합니다. "주인이여 금년에도 그대로 두소서 내가 두루 파고 거름을 주리니 이후에 만일 열매가 열면 좋거니와 그렇지 않으면 찍어 버리소서"(눅 13:8-9).

이런 상상을 해 봅니다. 넓은 초원에 포도나무 농장이 있습니다. 그 농장은 포도나무로 무성합니다. 포도나무 가지들이 아름답게 이어져 있어서 그 농장을 바라보면 마치 지평선을 보듯 평온합니다. 그런데 어찌 된 일인지 그 중간에 덩치가 크고 모양도 아름답지 않은 무화과나무 한 그루가 덩그러니 놓여 있습니다. 열매도 없습니다. 가지만 무성하고 자리만 차지할 뿐입니다.

주인이 그 무화과나무를 심지 않았더라면 얼마나 보기 좋았을까요? 포도나무들로 가지런했을 것입니다. 멋진 포도 농장으로 아름다웠을 것입니다. 그런데 무화과나무 하나 때문에 보기에도 흉하고, 게다가 열매까지 없어서 골치가 이만저만 아픈 것이 아닙니다. 포도원 주인은 그 나무를 심고 훌쩍 떠나 버리면 그만이지만, 포도원지기는 매일같이 봐야 했습니다. 잘 펼쳐져 있는 포도나무들 사이에 우뚝 솟아 있는 볼품없는 무화과나무 한 그루가 눈에 들어올 때마다 포도원지기의 심경은 복잡해졌을 것입니다. 매일같이 그 나무가 눈에 거슬렸을 것입니다. 이것이 포도원지기의 현실입니다.

내 삶의 무화과나무는
누구입니까?

이 비유의 말씀을 우리 삶에 적용해 봅시다. 내가 멋지게 가꾸
고 있는 농장이 있습니다. 내 농장에는 내가 잘 알고, 좋아하고,
사랑하는 나무들이 정렬되어 있습니다. 그 나무들에는 열매도
가지런히 맺혀 있습니다. 그런데 그 아름답고 멋진 농장에 하나
님이 하필 잘 알지도 못하는 무화과나무 한 그루를 심어 놓으셨
습니다. 게다가 그 나무는 아무리 최선을 다해도 수년간 열매도
맺지 못했습니다.

하나님이 왜 내 질서정연한 포도 농장에 무화과나무를 심어
놓으셨을까요? 아무리 생각해도 이해가 되지 않습니다. 그 무화
과나무는 모양도 좋지 않고 큰 가치나 효과도 없습니다. 경제적
인 것도 아닙니다. 한결같이 포도나무에만 신경을 쓰면 얼마나
좋겠습니까? 그 무화과나무가 계속 거슬리고 마음을 상하게 합
니다.

혹시 내 삶에 그런 무화과나무가 있습니까? 열매 없는 나무,
가지런한 나의 농장에 들어오지 않았다면 좋았을 나무, 그것 때
문에 모든 것이 망가진 듯 보이는 나무. 나의 농장에 그 나무는
무엇입니까? 주인마저 "이제는 그만 찍어 버리자. 어찌 땅만 버
리겠느냐?"라고 말하는 그 나무가 도대체 무엇입니까?

혹 가족 중에, 친구 중에, 교인들 중에, 회사 동료 중에 그런 사람이 있을 수 있습니다. '저 사람만 없으면 참 좋을 텐데. 하나님은 왜 하필 저 사람을 내 관계 안에 넣으셔서 내 삶을 이렇게 고달프고 힘들게 하셨을까?'라고 생각되는 무화과나무가 있습니까? 사실 이 무화과나무는 내가 만든 무화과나무가 아닙니다. 내가 심은 나무도 아닙니다. 하나님이 나의 농장에 하나님의 의지로 심어 놓으신 나무입니다.

그런데 참으로 놀랍게도, 포도원지기는 무화과나무를 찍어 버리라는 주인의 말을 듣고도 즉각 그 나무를 찍어 버리지 않았습니다. 얼마나 찍어 버리고 싶었을까요? 저 같으면 주인에게서 그 말이 나오자마자 달려가 찍어 버렸을 것입니다. 혹시 주인의 마음이 바뀔까 봐 빨리 찍어 버렸을 것 같습니다.

그런데 포도원지기는 무화과나무를 찍어 버리지 않았습니다. 저는 그 모습에서 참으로 위대한 사랑과 관용을 마주합니다. 포도원지기는 이렇게 말했습니다. "주인님, 올해만 그냥 두십시오. 그동안에 내가 그 둘레를 파고 거름을 주겠습니다. 그렇게 하면, 다음 철에 열매를 맺을지도 모릅니다. 그때에 가서도 열매를 맺지 못하면, 찍어 버리십시오"(눅 13:8-9, 새번역성경).

포도원지기는 무화과나무에 어떤 결격 사항이 있다고 말하지 않았습니다. 오히려 그 나무를 두둔했습니다. 그러고는 열매가 없는 것은 무화과나무의 잘못이 아니라 자기 탓이라고 했습니다. 자기가 조금 더 거름을 주려 한다고, 노력해 보겠다고 했습니다. 이 말은 곧 "무화과나무가 열매를 맺지 못한 것은 나의 잘 못입니다. 나의 죄 때문입니다. 내가 거름을 더 주겠습니다. 조금 더 가꿔 보겠습니다. 1년만 더 주십시오"라는 의미입니다. 사실 이제는 때가 되었습니다. 주인도 버리라고 합니다. 얼마든지 정당성이 있습니다. 얼마든지 찍어 버릴 수 있는 상황입니다. 그런데도 포도원지기는 한 해만 더 달라고 요청했습니다.

무화과나무가 왜 포도원에 심겨야 했는지 그 이유를 아는 사람은 없습니다. 주인만이 그 용도를 알 것입니다. 또한 포도원지기는 무화과나무에서 열매가 맺히기 전까지 그 나무를 포기하지 않겠다는 결의를 다졌습니다. 이 모습은 분명 예수님이 우리에게 보여 주신 모습과 흡사합니다. 우리를 향해 오래 참으시고 기다리시는 주님의 너그러운 모습입니다.

그러므로 우리가 지금까지 이 말씀을 전통적인 방법으로 해석해 온 것은 결코 틀리지 않습니다. 포도원지기는 예수 그리스도가 분명합니다. 그러나 이 포도원지기가 우리가 믿고 따르는 예수님이 맞다면, 동시에 우리는 어떻게 살아야 하겠습니까?

이 무화과나무가 이후 어떻게 되었을까요? 열매를 맺었을까요, 아니면 찍혀 버려졌을까요? 결론은 아무도 알 수 없습니다. 하지만 저는 누가복음 13장 7절에서 한 가지 단서를 발견했습니다. 비유는 주인이 3년 동안이나 와서 열매를 찾았다고 이야기합니다.

무화과나무는 일반적으로 3-4년이 지나야 열매를 맺기 시작하는 나무라고 합니다. 그러니까 주인은 나름 생각해서 3년 동안 기다렸는데 열매를 맺지 못하니 찍어 버리라고 했던 것입니다. 하지만 조금 늦은 나무라면 4년 혹은 5년째 열매를 맺는다고 합니다. 아마 그다음 해에 이 무화과나무는 수많은 열매를 맺었을 것이라고 상상해 봅니다. 그 포도원지기의 성실한 돌봄과 사랑으로 무화과나무는 열매를 맺지 않을 수 없었을 것입니다.

이러한 포도원지기가 되어 보지 않겠습니까? 예수님이 우리를 향해 그러하셨듯이, 우리 또한 예수님처럼 포도원지기가 되어 보는 것은 어떨까요? 우리 또한 참고 인내하며, 둘레를 파서 거름을 주고, 사랑을 나눠 주는 포도원지기가 되어 봅시다. 우리의 가정에서, 직장과 사회에서 다시 한 번 내 곁에 심긴 무화과나무를 살피고 돌보는 귀한 섬김이 있기를 바랍니다. 하나님은 우리의 자리에 무화과나무 한 그루씩을 심어 두셨습니다.

하나님, 우리는 늘 주님 앞에서 한없이 낮아지고 작아집니다.

우리가 무엇으로 주님의 그 높은 기준을 넘어

주님 앞에 스스로 당당히 설 수 있겠습니까.

우리의 선행으로도, 우리의 지혜로도, 우리의 학문으로도

우리는 주님 앞에 설 자격도, 능력도 없습니다.

하나님이 우리를 긍휼히 여기시고

우리를 위해 피할 길을 열어 주시지 않았다면

우리는 모두 사망의 음침한 길에서 벗어나지 못했을 것입니다.

우리 주 예수 그리스도로 인해 감사와 찬송을 드립니다.

우리를 구원하실 유일한 이름을 주셨으니,

우리가 주님의 이름을 부르며

주님의 십자가와 부활을 바라보며 하나님을 찬양합니다.

하나님, 그러나 우리는 여전히

하나님의 마음에 합한 삶을 살지 못했습니다.

하나님이 우리에게 엄청난 것들을 주셨지만,

우리는 게으르고 나태하게 아무것도 이루지 못했습니다.

이런저런 생각만으로 시간을 보내다가

우리에게 허락하신 소명을 제대로 이루지 못했으며,

하나님의 영광을 위한 의의 열매도 맺지 못했습니다.

인간의 부족함입니다.

인간의 정욕과 어리석음, 더러운 욕망과 거짓의 영들이

우리를 둘러싸고 우리를 공격하니

속절없이 무너지고, 또 무너져 내렸습니다.

하나님, 우리를 긍휼히 여겨 주시옵소서.

우리를 죄에서 구하여 주시고

우리를 먼저 주님의 사람으로 구별해 주시옵소서.

15장

화목과 평화를

일구는 사람

누구든지 너희가

그리스도에게 속한 자라 하여

물 한 그릇이라도 주면

내가 진실로 너희에게 이르노니

그가 결코 상을 잃지 않으리라

막 9:38-43

하나님 나라는 누구에게나 열려 있지만,
제자들에게는 엄격한 기준을 제시합니다

마가복음 9장 중 마지막 단락에 해당하는 38-43절에는 흥미로운 이야기가 전개되는데, 그 이야기의 시작은 이렇습니다. "요한이 예수께 여짜오되 선생님 우리를 따르지 않는 어떤 자가 주의 이름으로 귀신을 내쫓는 것을 우리가 보고 우리를 따르지 아니하므로 금하였나이다"(막 9:38).

아마 요한은 예수님의 칭찬을 기대하며 이 말을 했을 것입니다. 예수님을 따르지도 않고 제자 그룹에도 속하지 않은 자가 예수님의 이름을 팔아 귀신을 내쫓고 있었는데, 이를 요한이 금했기 때문입니다. 더욱이 요한을 비롯한 제자들의 입장에서 본다면, 예수님을 따르지도 않는 자가 그분의 이름을 들먹이며 기적을 행사하는 모습이 꽤나 못마땅했을 것입니다. 그런 측면에서 요한의 반응은 충분히 이해할 만합니다. 제자들에게 예수님은 자신들만의 스승이셨기 때문입니다. 감히 다른 자가 예수님의 이름을 내세우는 것은 자신들은 물론 예수님에 대한 모욕이라고 여겼을 것입니다.

그런데 더욱 흥미로운 것은 이에 대한 예수님의 대답입니다. "금하지 말라 내 이름을 의탁하여 능한 일을 행하고 즉시로 나를 비방할 자가 없느니라"(막 9:39). 그리고 나서 더욱 적극적으로 다음 말씀도 더하셨습니다. "우리를 반대하지 않는 자는 우리를 위하는 자니라 누구든지 너희가 그리스도에게 속한 자라 하여 물 한 그릇이라도 주면 내가 진실로 너희에게 이르노니 그가 결코 상을 잃지 않으리라(막 9:40-41).

대단히 놀라운 말씀입니다. 예수님을 따르지 않고도, 제자 그룹에 속하지 않고도 주님의 사람이 될 수 있다는 뜻입니다. 제자들과 함께하지도 않았고, 예수님을 따르지도 않았으며, 주님의 말씀을 연구하지도 않았고, 동고동락한 사이도 아닌데 주님의 사람이 될 수 있다는 말입니다. 누구라도 제자들에게 물 한 그릇이라도 떠 준 사람이라면 그에게 하나님 나라가 열려 있다는 의미입니다.

사실 이 말씀에서 우리는 한계를 넘어 역사하시는 하나님을 바라볼 수 있습니다. 예수님의 이름을 무례히 사용하지 말라는 요한의 주장이 무색하게, 또 예수님의 이름을 독점하고 싶어 하는 제자들의 바람을 비웃기라도 하듯이 예수님을 따르지도 않던 자가 예수님의 이름으로 귀신을 쫓아낸 권능의 사건이 벌어진 것입니다. '예수님의 이름'을 통해 일어난 이 권능의 역사는 '제자들'이라는 좁은 울타리를 넘어 사건으로 실재화되었습니다.

제자라는 의식이 강할수록, 주님을 따르는 열심이 특별할수록 우리는 종종 제자로서의 로열티, 즉 제자들만이 누리는 특별한 혜택을 생각합니다. 그러나 주님은 그런 우리에게 "우리를 반대하지 않는 자는 우리를 위하는 자니라"라고 가르치십니다. 주님과 제자들을 반대하지만 않아도 우리 편이라는 말씀입니다. 하나님 나라는 제자들에게만 열려 있지 않고, 예수님을 반대하지 않는 모든 자에게 열려 있다는 뜻입니다. 이것이 바로 하나님 나라의 '포용성'입니다.

하나님 나라의 포용성이란 예수님을 반대하지 않는 것만으로도 그리스도의 공동체로서 연대감을 누릴 수 있다는 것, 물 한 그릇을 나누는 작은 손길을 통해서도 깊은 교제를 나눌 수 있다는 것, 비록 교회 개혁을 도모하지는 못해도 하루하루 주어진 날을 살아가면서 하나님의 백성으로서의 동질감을 느낄 수 있다는 것입니다.

그런데 놀라운 것은, 이와 같은 예수님의 포용적인 관점이 바로 다음 구절인 42절부터 완전히 달라진다는 점입니다. 예수님은 제자들을 향해 이렇게 말씀하셨습니다. "또 누구든지 나를 믿는 이 작은 자들 중 하나라도 실족하게 하면 차라리 연자 맷돌이 그 목에 매여 바다에 던져지는 것이 나으리라"(막 9:42).

앞서 '예수님의 이름을 이용해 귀신을 내쫓고 있던 자'를 '작은 자'로 표현하시며, 이런 작은 자 중 하나라도 넘어지게 하는 자는 차라리 연자 맷돌을 그 목에 매여 바다에 던져지는 것이 낫다고 하신 것입니다. 이처럼 예수님은 요한을 향해 칭찬은커녕 책망을 하셨습니다.

이후 이어지는 말씀은 더욱 강력합니다. "만일 네 손이 너를 범죄하게 하거든 찍어 버리라 장애인으로 영생에 들어가는 것이 두 손을 가지고 지옥 곧 꺼지지 않는 불에 들어가는 것보다 나으니라 만일 네 발이 너를 범죄하게 하거든 찍어 버리라 다리 저는 자로 영생에 들어가는 것이 두 발을 가지고 지옥에 던져지는 것보다 나으니라 만일 네 눈이 너를 범죄하게 하거든 빼 버리라 한 눈으로 하나님의 나라에 들어가는 것이 두 눈을 가지고 지옥에 던져지는 것보다 나으니라"(막 9:43-47).

예수님을 따르지 않았지만 그분의 이름으로 귀신을 내쫓은 사람에게는 열려 있던 하나님 나라가 제자들에게는 도리어 엄격히 닫힌 공간이 되었습니다. 예수님은 당신의 제자라면 손이 죄를 범하면 그 손을 찍어 버리지 않고선 하나님 나라에 들어갈 수 없다고까지 말씀하셨습니다. 만약 발이 범죄하면 그 발도 찍어 버려야 하나님 나라에 들어갈 수 있다고 하셨습니다. 눈이 범죄하면 빼어 버려야 하나님 나라에 들어갈 수 있다고 하셨습니다. 다른 이는 몰라도 제자들은 그렇게 해야 한다는 뜻입니다. 그만큼 제자들에게는 엄격한 하나님 나라입니다.

이렇듯 다른 사람은 몰라도 제자들에게 하나님 나라는 너무 엄격해 어떤 융통성이나 유연성도 없는 것처럼 보입니다. 그러니 누가 제자가 되려고 하겠습니까? 지나가는 이에게 물 한 잔 주었다는 이유만으로도 열린 공간이 되는 하나님 나라가 제자에게는 너무나 기준이 높은 곳입니다. 작은 자 하나만 실족하게 해도 닫힌 나라가 된다면 누가 주님의 제자가 되고 싶겠으며, 또 그분의 제자가 되어야 할 이유는 무엇이겠습니까? 그렇기에 우리는 이렇게 질문할 수밖에 없습니다. '왜 주님은 이토록 유독 제자들에게만 엄격한 기준을 제시하신 것일까?'

성도들은 엄격성과 포용성의 조화 가운데
서로를 영접해야 합니다

이 말씀을 교회에 적용해 보겠습니다. 세상에는 수많은 교회가 있습니다. 그저 대충대충 교회를 다니는 교인들이 가득한 교회가 있습니다. 또 잘못된 방향으로 나가며 교회의 이미지를 실추시키는 교회도 있습니다. 하나님의 뜻을 구현하지는 않고 목회자의 뜻이나 교인 몇 사람에 의해 좌지우지되는 교회도 있습니다. 그저 복이나 구하며 저급한 신앙의 틀을 유지하면서 신앙생활 하는 교인으로 가득 찬 교회도 있습니다. 그런데 그런 자들과 교회를 향해 주님이 "그들도 내 백성이다"라고 말씀하신다면, 나아가 "그들에게도 하나님 나라가 열려 있다"라고 하신다면, 마음이 어떻겠습니까?

반면 하나님의 뜻과 법도를 철저히 따르며 진정한 제자도를 구현하려는 사람에게는 하나님이 엄격한 잣대를 들이대시며 "너는 이 부분이 부족하구나. 네 눈과 손이 범죄했으니 눈을 빼든, 손을 자르든 해야 내 나라에 들어올 수 있다"라고 말씀하신다면, 어떻게 반응하겠습니까? 주님을 따라야 할 이유가 무엇이겠습니까? 물론 이 말씀을 들으며 '나 같은 자에게도 하나님 나라가 열려 있구나' 하고 안도감을 얻는 분들도 있을 것입니다.

분명한 것은 하나님 나라는 세상을 향해서는 활짝 열려 있지만, 주님을 따르려는 제자들에게는 엄격히 닫혀 있다는 사실입니다. 이러한 모순을 어떻게 이해할 수 있습니까? 또 어떻게 해결해야 할까요? 이 말씀을 그 자체로 받아들여야 한다면, 어쩌면 제자가 되지 않는 편이 더 나을지도 모릅니다. 그저 세상에서 막 살다가 물 한 그릇 나눠 주는 것으로 하나님 나라를 선물로 받는 것이 훨씬 좋겠다고 생각할 수도 있습니다. 하지만 우리 주님이 전하시고자 하는 진리는 그것이 아닙니다.

주님이 이 말씀을 통해 우리에게 전하시고자 하는 내용은 무엇일까요? 먼저, 이 말씀을 보다 명료하게 이해하기 위해서는 마가복음 9장 50절 하반 절을 주의 깊게 살펴볼 필요가 있습니다. "서로 화목하라." 주님은 하나님 나라의 포용성과 엄격성을 전하시며 마지막으로 "서로 화목하라"라는 메시지를 전하셨습니다. 누구를 향해 하신 말씀입니까? 바로 주님을 따르는 제자들에게 허락하신 명령입니다.

그렇다면 어떤 상황에서 주님이 이런 말씀을 하셨는지, 그 앞부분을 살펴볼 필요가 있습니다. 마가복음 9장 33절을 보면, 예수님이 제자들과 가버나움으로 들어가실 때 제자들 사이에 다툼이 있었던 것 같습니다. 다툼의 내용은 "누가 더 큰 자인가"라는 주제였습니다. 즉 그들은 누가 더 예수님과 가까운지, 누가 더 예수님의 사랑을 받는 자인지를 두고 쟁론했습니다.

이를 아신 예수님은 열두 제자를 불러 교훈의 말씀을 더하셨습니다. 조금은 충격적인 표현을 덧붙이시면서 말입니다. "누구든지 첫째가 되고자 하면 모든 사람의 꼴찌가 되어야 한다"(막 9:35 참조). 그리고 이어서 "누구든지 내 이름으로 이런 어린아이 하나를 영접하면 곧 나를 영접함이요 누구든지 나를 영접하면 나를 영접함이 아니요 나를 보내신 이를 영접함이니라"(막 9:37)라고 말씀하셨습니다.

예수님은 제자들이 누가 더 큰가를 두고 다투는 것을 기뻐하시지 않았습니다. 그들이 서로 화목하며 평화를 누리기 원하셨습니다. 그렇다면 어떻게 평화와 화목을 이룰 수 있습니까?

제자들 가운데는 조금 더 능력 있는 제자도 있었을 테고, 조금 부족한 제자도 있었을 것입니다. 조금 더 헌신하는 제자가 있는 반면, 헌신이 조금 부족한 제자도 있었을 것입니다. 이처럼 다양한 제자들을 향해 주님은 "서로를 영접하라"라고 말씀하셨습니다. 어린아이를 영접하는 것이 주님을 영접하는 것이듯이, 제자들이 서로를 영접함으로써 주님을 영접하며 주님이 보내신 이를 영접하게 되기를 바라셨던 것입니다.

바로 이 영접과 화목의 방법이 마가복음 9장 38-43절에 나오는 주님의 가르침입니다. 자신에게는 엄격한 기준을 적용하고 타인에게는 포용적으로 대하라는 말씀으로서, 이것이 '화목'으로 나아가는 길이라는 뜻입니다.

세상의 소금이 되어
화목과 평화를 이룹시다

주님이 원하시는 것은 주님의 교회들이 서로를 영접하며 화목하게 지내는 것입니다. 이를 위해 교회와 성도들이 화목을 이루는 방법은 어떤 길이겠습니까? 하나님 나라의 포용성과 엄격성을 우리의 삶에 적용해 나가야 합니다. 즉 상대방을 향해서는 무한히 열린 태도를 지니고, 동시에 나 자신을 향해서는 엄격하게 물으시는 하나님의 음성에 귀를 기울여야 합니다.

우리는 늘 개혁의 대상을 우리가 아닌 다른 이에게 둘 때가 많습니다. 다른 사람에게서는 불의, 그릇된 것, 부당한 것, 잘못된 점을 꼼꼼히 찾아내면서도, 내 안에서 그런 점을 발견하면 너그럽게 받아들이는 경향이 있습니다. 바른 신앙을 가져야 한다고 힘내어 소리치고, 잘못된 세속주의와 기복주의, 성장주의를 배격해야 한다고 외치면서도 정작 우리 자신에게는 그와 같은 개혁의 기준을 적용하지 못하는 경우가 많습니다.

요한도 그러했습니다. 요한은 예수님을 따르지 않으면서도 그분의 이름을 이용해 기적을 베푸는 자를 금했습니다. 하지만 요한 역시 예수님을 '선생님'이라고 부르고 있음을 성경을 통해 확인할 수 있습니다(막 9:38). 아직 예수님을 '주님'이라고 고백하지는 못하는 단계였던 것입니다. 즉 자신의 부족함은 깨닫지 못한 채 다른 이의 문제만을 지적하는 요한을 보게 됩니다.

물론 개혁을 시도할 때 높은 기준도 필요합니다. 그러나 그 기준을 다른 사람을 비난하거나 부끄럽게 하려는 목적으로 세워서는 안 됩니다. 오히려 그 기준은 서로를 감싸는 울타리가 되어야 합니다. 우리는 포용적인 자세와 열린 관점을 가져야 합니다. 넓은 가슴으로 이웃에게 문을 열어 놓아야 합니다. 동시에 우리 자신에게는 엄격한 기준을 세워야 합니다. 우리는 제자이기 때문입니다. 더욱 열심히 우리 스스로를 다스려야 합니다. 다른 사람을 실족시키는 일이 있어서도 안 됩니다. 민감하게 자신의 부족함을 깨닫고 하나님의 도우심을 구하는 사람이 되어야 합니다. 타인에게는 포용성이, 자신에게는 엄격성이 필요하다는 의미입니다.

이 이야기를 들으며 어떤 분은 걱정할지도 모르겠습니다. "그렇게 포용만 하면 과연 바른 신앙이 세워질 수 있겠습니까? 혼탁해지고, 순수성을 잃지 않겠습니까?"라고 반문하는 분들도 있을 것입니다.

그러나 이 말씀은 "그저 대강 잘 지내라. 대충 덮고 마음대로 살아라"라는 이야기가 아닙니다. 주님이 가르쳐 주시는 포용성은 혼합을 말하지 않습니다. 병합으로 인한 질적 저하를 가리키는 것도 아닙니다. 결코 혼돈을 말씀하시는 것도 아닙니다. 우리 주님은 이 가르침을 마무리하시며 매우 중요한 단어를 넣어 두셨습니다. "소금은 좋은 것이로되 만일 소금이 그 맛을 잃으면 무엇으로 이를 짜게 하리요 너희 속에 소금을 두고 서로 화목하라 하시니라"(막 9:50). 바로 '소금'입니다. 소금이 무슨 역할을 합니까? 부패를 방지하고, 독을 없애며, 맛을 냅니다. 이런 소금을 우리 가운데 두라고 주님은 강조하셨습니다.

우리 주위에 믿음이 연약한 사람들이 있습니다. 세상에 한 발,

교회에 한 발을 걸치고 살아가는 사람들도 있습니다.

하지만 그들도 그리스도인으로 불릴 수 있습니다. 물론 못마땅한 교회들, 미숙한 신앙인들도 있습니다. 하지만 주님은 그런 이들도 포용하며 함께하라고 말씀하십니다. 동시에 그 안에는 반드시 '소금'이 있어야 한다고 강조하십니다. 소금이 있어야 부패를 막을 수 있고 독을 없앨 수 있습니다. 또한 소금이 있어야 맛이 납니다. 소금이 없으면 포용은 힘을 잃고, 혼합과 변질 상태에 빠질 것입니다.

주님은 우리를 향해 "너희는 세상의 소금이다"라고 말씀하셨습니다. 그러므로 우리는 믿지 않는 사람들과도 함께해야 합니다. 그들과 세상에서 함께 살아가야 합니다. 세상은 죄악으로 얼룩져 있고, 불의로 가득합니다. 주님을 알지 못하기 때문입니다. 그러나 우리는 그 세상 속에서 세상 사람들과 화목해야 합니다. 우리가 그들 속에서 소금이 된다면, 이 시대에 희망이 있습니다. 소금이 맛을 내고 부패를 방지해 줄 것이기 때문입니다. 주님은 당신의 제자들이 이런 소금의 역할을 감당하기 원하십니다. 그렇기에 제자들에게는 엄격한 기준을 요구하신 것입니다.

그렇다면 우리는 어떤 존재가 되고 싶습니까? 그저 물 한 그릇 떠 주면서 구원을 바라는 사람으로 살아가겠습니까? 대충대충 다른 사람의 도움만 바라며 구원의 대열에 서는 사람으로 살아가겠습니까? 아니면 소금이 되어 공동체를 살리고, 교회를 교회답게, 세상을 아름답게 변화시키는 일에 헌신하겠습니까?

우리 주님이 이미 화해와 평화의 삶을 본보기로 보이셨고, 제자들에게 그러한 삶을 요청하셨습니다. 그러므로 우리가 당연히 그 일을 감당해야 하지 않겠습니까? 화해와 화목의 자리로 나아갈 수 있기를 바랍니다. 작은 자 중에 하나라도 실족하게 하는 자는 바다에 빠지는 편이 낫다는 그 엄격한 기준을 자신에게 적용하고, 세상을 향해서는 주님의 넓은 마음으로 다가가며 세상 속에서 화목과 평화를 일구어 가는 우리가 되기를 간절히 바랍니다.

하나님, 우리는 아슬아슬하게 이 세상을 살아가면서도

마치 큰 힘을 가진 것처럼, 혹은 모든 것을 할 수 있을 것처럼

거들먹거리며 살 때가 많습니다.

세상을 모두 다스릴 수 있을 것 같은 착각 속에서

내 힘을 과신하며 살 때가 많습니다.

그때마다 꼭 기억해야 할 우리 주님마저 잊어버리곤 합니다.

심지어 한낱 흙으로 돌아갈 존재인 우리의 신분도 잊곤 합니다.

우리에게 지혜를 허락하시어

우리가 누구인지, 또 하나님이 어떤 분이신지를

잊지 않게 해 주시옵소서.

하나님, 하나님을 따른다고 하면서도 내 중심대로 판단해

다른 주님의 자녀들에게 상처를 주지는 않았는지 돌아봅니다.

하나님을 따른다는 과도한 열정이

도리어 하나님 나라의 임재를

방해하지는 않았는지도 돌아봅니다.

우리가 하나님의 일을 한다고 하면서

혹시 다른 이에게 상처 준 일이 있다면 용서해 주시옵소서.

16장

생명으로

이끄는 삶

무리들 때문에 예수께 데려갈 수 없으므로
그 계신 곳의 지붕을 뜯어 구멍을 내고
중풍병자가 누운 상을 달아 내리니

막 2:1-5

예수님에 대한 소문이
갈릴리 곳곳에 퍼졌습니다

마가복음 2장 1-5절은 흥미로운 이야기를 전해 줍니다. 사람들이 지붕을 뜯어 구멍을 내고 중풍병자가 누운 상을 예수께 달아 내린 매우 특별한 내용을 담고 있습니다. 당시 현장에는 사람들이 가득 차 있었고, 예수님은 말씀을 전하시는 중이었습니다. 조금은 황당한 이야기일 수도 있습니다. '어떤 상황이었기에 지붕까지 뚫어야 했을까?' 하는 질문이 생기기도 합니다.

이 상황을 제대로 혹은 정확하게 이해하기 위해서는 마가복음 앞부분을 자세히 살펴볼 필요가 있습니다. 마가복음은 예수님의 공생애로부터 시작됩니다. 예수님은 요단강에서 세례를 받으신 후 40일간 금식하시고 사탄에게 시험을 받으셨습니다. 그리고 갈릴리로 오셔서 말씀을 증거하시기 시작했습니다. 어부인 시몬과 안드레, 세베대의 아들 야고보와 요한을 부르신 예수님은 그들과 함께 첫 방문지로 가버나움을 택하셨습니다.

예수님이 가버나움에 들어가서서 복음을 전하시기 시작했는데, 성경은 예수님이 전하시는 말씀에 권위가 있었다고 증언합니다. "그들이 가버나움에 들어가니라 예수께서 곧 안식일에 회당에 들어가 가르치시매 뭇 사람이 그의 교훈에 놀라니 이는 그가 가르치시는 것이 권위 있는 자와 같고 서기관들과 같지 아니함일러라"(막 1:21-22).

예수님이 권위 있게 회당에서 가르치시고 있을 때 한 사건이 발발했습니다. 귀신 들린 사람이 소리를 지른 것입니다. 그때 예수님은 귀신 들린 자를 앞으로 나오게 하셔서 귀신을 내쫓는 역사를 행하셨습니다. 놀라운 기적을 일으키신 것입니다. 예수님의 말씀에는 힘이 있었고, 권위와 큰 능력이 있었습니다. 그러니 이 소문은 곧장 여기저기로 퍼져 나갔습니다(막 1:28).

이후 예수님은 시몬의 집에 들어가 시몬의 장모가 열병을 앓고 있는 모습을 보시고는 그녀의 손을 잡아 일으켜 세워 병을 치유하는 역사를 일으키셨습니다. 그러자 그녀가 예수께 나와 수종 들었다는 기사도 이어집니다. 이 일로 예수님에 관한 소문이 온 동네에 퍼졌을 것입니다. 저녁이 될 때쯤 수많은 사람이 시몬의 집 주변에 몰려들었습니다. 당시 정황을 성경은 이렇게 기록합니다. "저물어 해 질 때에 모든 병자와 귀신 들린 자를 예수께 데려오니 온 동네가 그 문 앞에 모였더라 예수께서 각종 병이 든 많은 사람을 고치시며 많은 귀신을 내쫓으시되 귀신이 자기를 알므로 그 말하는 것을 허락하지 아니하시니라"(막 1:32-34).

이렇게 놀라운 일들을 예수님이 첫 번째 사역 현장인 가버나움에서 행하셨습니다. 하루 종일 그토록 많은 사람을 대하며 기적을 베푸신 예수님은 새벽이 되자 한적한 곳으로 가사 기도하셨습니다(막 1:35).

다시 말해, 당시 가버나움은 예수님이 행하신 기적과 말씀으로 난리가 난 상태였습니다. 갈수록 사람들이 몰려오고 있었고, 예수님을 찾는 열기로 가득했습니다. 그때 시몬과 다른 제자들이 예수께 와서 당시 상황을 전해 주었습니다. "시몬과 및 그와 함께 있는 자들이 예수의 뒤를 따라가 만나서 이르되 모든 사람이 주를 찾나이다"(막 1:36-37). 얼마나 많은 사람이 예수님을 찾았겠습니까? 이처럼 예수님은 영광스러운 모습으로 사역을 시작하셨습니다.

그러나 흥미로운 사실은, 정작 예수님은 다른 가까운 마을들로 가자고 하시며 가버나움으로 선뜻 들어가시지 않았다는 것입니다. 다른 갈릴리 지역을 다니며 전도하셨고, 귀신들을 내쫓으셨습니다. 그러던 중 나병 환자도 낫게 하는 기적을 베푸셨습니다. 그렇게 며칠 동안 다른 갈릴리 지역을 다니시던 예수님이 다시 가버나움으로 돌아오셨습니다. 이것이 바로 마가복음 2장의 시작 부분입니다.

예수님이 가버나움으로 돌아오시자 또다시 가버나움은 열기로 가득해졌습니다. 예수님이 오신다는 소문이 들리자 사람들이 몰려들기 시작한 것입니다. "수일 후에 예수께서 다시 가버나움에 들어가시니 집에 계시다는 소문이 들린지라"(막 2:1). 얼마나 대단했겠습니까? 그토록 기다리던 예수님이 돌아오셨으니 말입니다.

사람들이 예수님이 계신 집으로 달려왔습니다. 이미 예수님에 관한 소문은 파다했습니다. 가버나움 사람들 중 예수님을 모르는 사람은 없었을 것입니다. 당시 많은 사람이 모였을 때 예수님이 도를 가르치셨다고 성경은 전합니다(막 2:2). 그렇다면 어떤 도를 가르치셨을까요? 어떤 권위 있는 말씀을 가르치셨을까요? 성경은 그 내용을 정확하게 알려 주지 않지만, 앞선 예수님의 말씀을 보면 아마 "때가 찼고 하나님의 나라가 가까이 왔으니 회개하고 복음을 믿으라"(막 1:15)라는 내용이었을 것 같습니다. 이말씀은 예수님이 공생애를 시작하며 제일 처음 하신 말씀이고, 계속해서 누누이 전하시던 말씀의 핵심이기 때문입니다.

믿음과 사랑이 있을 때

생명을 살리는 역사가 일어납니다

그런데 바로 이 장면에서 성경은 특별한 사람들에게 주목합니다. 바로 중풍병자를 상에 메고 와서 지붕을 뚫는 사람들의 모습입니다. 그들이 어떻게 이런 결정을 할 수 있었는지 의문이 듭니다.

혹시 중풍병자는 그 지역의 부자로서 종들을 데리고 예수께로 나온 사람이었을까요? 하지만 그가 누운 '상'이라는 단어는 보잘것없는 상을 의미합니다. 즉 그가 부유한 사람은 아닐 것이라는 추측이 가능합니다. 그렇다면 그는 동네에서 존경받는 사람일 수도 있겠습니다. 이유야 어떻든 이 중풍병자는 사람들로부터 사랑받고 있는 사람임에 틀림없습니다. 그를 아끼는 사람들이 그가 누운 상을 메고 예수님을 찾아온 것입니다.

그런데 당시 상황은 사람들로 가득해서 도통 앞으로 나아갈 수조차 없었습니다. 이런 상상을 해 봅니다. 중풍병자를 상에 메고 왔을 때 집 주변을 가득 메우고 있는 사람들을 보며 그들이 어떤 말을 했을까요? 군중에게 이런 부탁을 했을 것입니다. "길을 좀 내 주십시오. 이 환자가 예수님과 만날 수 있도록 좀 비켜 주십시오." 소리치며 부탁했을 것입니다. 사정했을 것입니다. 그런데 길은 열리지 않았습니다. 열렸다면 당연히 그 길을 통과해 예수님께로 나갔을 것입니다. 그러나 사람들은 길을 터 주지 않았습니다. 예수께로 가는 길이 막혀 버렸습니다.

이 장면에서 두 종류의 사람들을 발견합니다. 한 부류는 예수님을 보기 위해 집에 들어간 사람들, 그리고 집 주위를 서성거리며 들어가기를 원하는 사람들입니다. 그들은 예수님이 말씀하시는 도, 그 권위 있는 말씀을 듣기 원했습니다. 참된 진리를 알기 원했습니다. 스스로 자신의 발로 걸어 나온 사람들입니다.

그러나 그들은 그 도를 듣고자 하는 욕망 때문에 옆에 있는 다른 이들을 보지 못했습니다. 서로 몰려들며 아우성이었을 것입니다. 자기만 하나님의 말씀, 귀한 말씀, 선지자의 말씀을 들으려는 욕망으로 가득 차 있었던 것입니다. 그들에게 다른 이는 보이지 않았습니다. 중풍을 앓고 있는, 죽어 가고 있는, 참으로 불쌍한 사람이 그들 눈에는 띄지 않았습니다.

이런 사람들을 앞에 두고 예수님이 하나님 나라의 말씀을 전하고 계셨다는 사실이 참으로 우습기도 하고, 아이러니하기도 합니다. 예수님이 그들을 향해 하신 말씀이 "회개하라"였다는 것이 참으로 절묘하기도 하고, 난센스 같기도 합니다. "하나님의 나라가 가까이 왔으니 회개하고 복음을 믿으라." 예수님의 이 말씀은 권위가 있었고, 하나님 나라를 설파한 위대한 말씀이었습니다. 하지만 그 자리에 모인 이들은 자신의 필요만을 채워 가기를 원했을 뿐입니다. 그런 사람들이 바로 예수님 주변에 있었습니다.

또 다른 부류의 사람들이 있습니다. 그들은 자신이 사랑하는 사람을 상에 메고 예수께로 나온 사람들입니다. 아직 예수님의 말씀을 들어 보지도 못했습니다. 그분에 대한 소문만으로 희망을 갖고 있던 사람들입니다. 또한 그들의 마음속에는 자신보다는 중풍으로 고생하는 사람을 사랑하는 마음이 있었습니다. 그를 살리고자, 그를 고치고자 상을 메고 여기까지 나왔습니다.

하지만 이기심으로 가득 찬 사람들 때문에 길이 막혔습니다. 포기할 법도 한데, 그들은 포기하지 않았습니다. 그러고는 마침내 지붕으로 올라가 구멍을 내고, 그곳으로 중풍병자가 누운 상을 예수님께로 내려보내는 일을 해 냈습니다.

어떻게 이런 일을 생각할 수 있었을까요? 감탄과 질문이 동시에 생깁니다. 물론 중동 지역의 지붕은 오르기 힘들거나 뚫기 어렵지 않다고 합니다. 그러나 그렇다 해도 지붕을 뚫는 것은 쉽게 상상할 수 있는 일이 아닙니다. 하지만 많은 사람으로 인해 예수님께로 나아가는 길이 막힌 그들로서는 '또 다른 길'을 찾은 것이었습니다. 결국 그들은 지붕을 뚫어 중풍병자를 하늘로부터 예수님께로 내려보냈습니다.

이제 중풍병자가 예수님께 도달했습니다. "무리들 때문에 예수께 데려갈 수 없으므로 그 계신 곳의 지붕을 뜯어 구멍을 내고 중풍병자가 누운 상을 달아 내리니 예수께서 그들의 믿음을 보시고"(막 2:4-5).

여기에 매우 중요한 표현이 등장합니다. "예수께서 그들의 믿음을 보시고"라는 말씀입니다. '그들의 믿음'이란 누구의 믿음일까요? 중풍병자의 믿음이었다면 단수로 표현되었을 것입니다. 그러나 이 표현은 복수입니다. '그들의 믿음'은 바로 중풍병자를 상에 메고 나온 사람들의 믿음입니다. 예수님이 그들의 믿음을 보시고 중풍병자를 위한 일을 시작하셨다는 뜻입니다.

사실 이 이야기는 우리를 당황스럽게 합니다. 우리는 지금까지 이러한 믿음과 구원의 상관성에 대해 잘 들어 보지 못했습니다. 우리는 내 믿음으로 내가 구원을 얻는다고 배워 왔습니다. 성경도 줄곧 그러한 가르침을 전해 줍니다. 그런데 마가복음 2장 5절은 다릅니다. '다른 사람들의 믿음으로 우리가 구원을 얻을 수 있는가?' 혹은 '다른 사람의 믿음으로 우리가 기적을 경험하거나 나음을 얻을 수 있는가?' 하는 질문이 생기는 지점입니다. 이 말씀은 바로 그 가능성을 우리에게 분명히 전해 주고 있습니다. 다만 이 부분은 조심스럽게 살펴봐야 합니다.

성경은 예수님이 그들의 믿음을 보셨다고 분명히 말합니다. 그렇다면 그들, 즉 중풍병자를 상에 메고 온 사람들은 어떤 믿음으로 예수님께 나왔을까요? 그들은 예수님을 구주로 고백하는 믿음을 가졌을까요? 온전한 삼위일체이신 하나님을 고백하는 성숙한 신앙을 가진 사람들이었을까요? 예수님이 십자가에 달려서 죽으시고 사흘 만에 부활하실 것이라는 믿음이 그들에게 있었을까요? 예수님이 하나님의 아들이심을 증언하는 믿음을 가진 사람들이었을까요?

아마 그들은 아직 그와 같은 믿음을 갖지는 못했을 것입니다. 지금 이 상황은 예수님이 공생애를 막 시작하신 시점이기에 예수님의 모습이 아직 정확하게 드러나지 않은 때였습니다. 그러니 그들에게 그와 같은 믿음이 있을 리는 없습니다.

그러나 그들에게는 한 가지 믿음이 있었습니다. 어쩌면 그것은 위대한 믿음이기도 합니다. 바로 '예수라는 분께 이 중풍병자를 데려가기만 하면 놀라운 일이 벌어질 것이다'라는 믿음이었습니다. 그것이 전부였습니다.

그들에게 또 하나 있었던 것은 바로 사랑입니다. 누워 있는 중풍병자를 사랑하는 마음, 죽어 가는 사람을 살리고자 하는 마음이 있었습니다. 그들은 누군가를 살리고 싶어 하는 생명의 사람들이었습니다. 생명을 아는 사람들이었습니다.

그들은 지붕을 뚫고서라고 중풍병자를 예수님 앞에 두기만 하면 예수님이 무언가를 해 내실 것이라는 믿음을 가지고 있었습니다. 예수님은 바로 그 믿음에 응답해 중풍병자의 병을 고쳐 주신 것입니다. 물론 온전한 믿음은 아니었고, 대단한 믿음도 아니었습니다. 그러나 예수님께 데려오기만 하면 된다는 그들의 단순한 믿음 때문에 중풍병자는 은혜를 입을 수 있었습니다.

예수님께로 인도하면
그다음은 예수님이 일하십니다

언젠가 대학부 학생들이 선교하는 현장을 방문했습니다. 그들은 평생 한 번도 해 보지 않았던 일들을 낯선 곳에서 하고 있었습니다. 양계장에 들어가 오물을 치웠고, 어르신들 앞에서 애교를 떨며 동네잔치를 열었고, 벽화를 그렸으며, 농장에 들어가 가지를 치는 일도 했습니다. 언뜻 보면 아무 일도 아닌 것 같은 일들을 그들은 최선을 다해 수행했습니다.

돌아오면서 '청년들이 왜 이런 일을 하고 있는가?'라는 질문을 던져 보았습니다. 그저 잘 보이기 위해서일까요? 마음을 수련하기 위해서일까요? 저는 그렇게 생각하지 않습니다. 그들에게는 이런 일념과 열정이 있었습니다. '할머니, 할아버지가 교회에 나와 예수님을 믿을 수만 있다면 얼마든지 재롱을 떨 수 있고, 또 얼마든지 양계장에서 얻은 오물을 가져와 거름으로 나눠드릴 수 있다.' 예수님 앞으로 나오게 할 수만 있다면 무엇인들 못하겠습니까?

이것이 바로 마가복음 2장 1-5절이 우리에게 가르쳐 주는 내용입니다. 친구들은 중풍병자를 메고 예수께 나아오기만 하면 예수님이 무언가를 해 주실 것이라는 확신이 있었습니다.

어떤 분들은 전도할 때 '어느 정도는 내가 만들어 놓고 주님께로 인도하겠다'고 생각합니다. 노력은 가상하지만, 사실은 큰 의미가 없습니다. 특히 영혼을 구원하는 일에서는 더욱 그러합니다. 그것은 마치 '중풍병을 어느 정도는 내가 치료해 준 다음에 마지막 단계에 예수님께 인도하겠다'라고 생각하는 것과 비슷합니다.

전도란 무엇입니까? 전도는 예수님 앞으로, 예수님의 말씀 앞으로 인도하는 것입니다. 단지 그를 예수님 앞으로 이끌어 오는 것이 전도입니다. 우리가 사랑하는 사람들을 구원하는 일은 무언가를 노력해서 혹은 설득해서 이루어지는 것이 아닙니다. 예수님 앞으로 이끌어 오면 예수님이 하십니다.

우리가 왜 하나님을 예배하는 자리에 앉아 있습니까? 목회자 혹은 먼저 믿은 사람들이 설득해서입니까? 혹시 다른 이유 때문입니까? 예수님이 우리 각자를 불러 주셨기 때문입니다. 예수님이 우리의 마음을 만져 주셨기 때문입니다. 예수님이 우리의 마음속에 확신을 주셨기 때문입니다. 그러니 예수님께 나오기만 하면 됩니다.

마가복음 2장 5절에 한 가지 더 특이한 내용이 나옵니다. 중풍병자가 상에 누워 지붕에서 내려오는 모습을 보신 후 예수님이 그에게 하신 말씀을 주목할 필요가 있습니다. 예수님은 "작은 자야 네 죄 사함을 받았느니라"(막 2:5)라고 말씀하셨습니다.

왜 예수님은 이 말씀을 하셨을까요? 예수님은 얼마든지 "일어나 네 상을 가지고 걸어가라. 네가 나음을 입었느니라"라고 말씀하실 수 있었습니다. 그런데 예수님은 도리어 이해하기 어려운 말씀을 하셨습니다. 여러 이유가 있지만, 여기서는 한 가지만 살펴보겠습니다. 예수님이 이렇게 말씀하신 이유는 바로 예수님을 찾아오는 궁극적인 이유를 알려 주시기 위함입니다.

사람들은 중풍병자를 이끌고 예수님을 찾아왔습니다. 예수님께 나아오면 중풍병이 낫고, 귀신 들린 사람이 치유되고, 어떤 병이든 치료될 것이라는 1차원적인 믿음으로 나왔습니다. 그것도 매우 중요한 믿음입니다. 그러나 그 믿음의 현장에서 예수님은 "네 죄 사함을 받았느니라"라고 말씀하심으로 또 다른 차원의 믿음을 알려 주셨습니다.

우리가 예수님을 찾아야 하는 궁극적인 이유는 중풍병이 낫기 위해서나, 귀신을 내쫓기 위해서, 혹은 나병이 낫기 위함이 아닙니다. 예수님께 나와야 하는 궁극적인 이유, 우리가 믿음을 가져야 하는 진정한 목적은 '죄 사함을 얻기 위함'입니다. 믿음을 보충하시고 견고하게 해 주시는 예수님의 말씀입니다.

다시 생각해 봅니다. 예수님은 하나님 나라를 설파하고 계셨습니다. 하나님 나라의 도를 말씀하고 계셨습니다. "회개하고 복음을 믿으라"라는 궁극적인 하나님 나라를 말씀하고 계셨습니다. 그때 천장이 뚫리고 하늘에서 중풍병자가 내려왔습니다. 그리고 주님이 "네 죄 사함을 받았느니라"라고 말씀하셨습니다.

사실 이 광경은 참으로 멋진 장면이 아닐 수 없습니다. 중풍병자와 사람들은 길이 막혀 있는 바람에 지붕으로 올라가 지붕을 뚫었습니다. 뚫린 구멍으로 환자를 내려보냈습니다. 지붕이 뚫렸습니다. 그때 예수님이 "네 죄가 사해졌다"라고 말씀하셨습니다. 하늘이 열린 것입니다. 하나님의 나라가 이 땅에 임한 순간입니다. 그들이 뚫어 놓은 구멍이 하나님 나라와 연결되는 공간으로 열린 순간입니다. 이제 하나님과 우리 모두가 예수 그리스도로 인해 화해하게 되고, 우리의 모든 죄악이 용서받고, 하나님 나라를 선물로 받는 축복이 임한 것입니다. 바로 이 궁극적인 사건을 예수님은 한마디로 요약해 말씀하셨습니다. "네 죄 사함을 받았느니라."

전도해 보았습니까? 예수님을 위해, 다른 사람들을 위해 예수께로 사람들을 이끌어 오는 결단과 시도를 해 본 적이 있습니까? 오래되었다면, 이 말씀을 다시 한 번 붙잡으십시오. 사랑하는 사람, 귀한 사람을 예수님 앞에 데려오기만 하면 주님이 일하십니다. 주님 앞에 이렇게 간구합시다. "주님, 제 믿음은 작은 믿음이지만, 제가 온전한 믿음을 다 아뢸 수도 없지만, 그렇기에 주님께로 나옵니다. 주님이 하시기를 원합니다." 우리가 전도의 사명을 다시 한 번 깨닫게 되기를 바랍니다.

하나님, 우리의 발걸음은 바르지 않으며,

우리의 삶은 하나님이 보시기에 아름답지도 못합니다.

죄악된 길에 서기도 했으며,

유혹의 자리에 신을 벗고 앉기도 했습니다.

더 얻기 위하여, 성공하기 위하여,

아니, 우리 자신을 보다 풍요롭게 하고,

우리 가족을 보다 여유롭게 하겠다는 일념으로

하나님의 뜻을 고려하거나 생각함 없이

세상의 법을 따르며 욕정의 힘에 끌려다녔습니다.

우리의 잘못을 주님께 고백하오니

우리의 죄를 용서하여 주시옵소서.

하나님이 우리에게 주시고자 하는 것은
생명이며, 구원이며, 평안임을 믿습니다.
그럼에도 생명과 멀어져 죽음의 일을 하며
죽음의 그림자가 드리워진 세상에서 살아가는 우리를
불쌍히 여겨 주시옵소서.
하나님이 예수 그리스도를 통해
신실한 구원의 약속을 주셨지만,
정작 우리는 이 세상성에 빠져
구원의 신비 안으로 깊이 들어가지 못하고 있습니다.
주님이 우리에게 내려 주시는 참된 평안을 누리지 못한 채
세상의 여러 고민과 고뇌로 깊은 시름에 잠겨 살았습니다.
하나님, 우리의 믿음 없음을 불쌍히 여겨 주시옵소서.